本書爲國家社科基金重大招標項目“中韓日出土簡牘公文書資料分類整理與研究”（20&ZD217）階段性成果

河北師範大學歷史文化學院雙一流文庫

韓國的古代木簡 I

賈麗英 [韓]尹在碩　主編

韓國國立昌原文化財研究所　編

于晨　譯

[韓]方國花　審校

中國社會科學出版社

圖字：01-2022-4648號

圖書在版編目（CIP）數據

韓國的古代木簡. Ⅰ / 韓國國立昌原文化財研究所編；于晨譯. — 北京：
中國社會科學出版社，2023.9

ISBN 978-7-5227-2342-6

Ⅰ. ①韓… Ⅱ. ①韓… ②于… Ⅲ. ①木簡 — 研究 — 韓國 — 古代

Ⅳ. ①K883.126.75

中國國家版本館CIP數據核字(2023)第139814號

出 版 人	趙劍英	
責任編輯	安　芳	
責任校對	張愛華	
責任印製	李寡寡	

出　　版	中國社會科學出版社	
社　　址	北京鼓樓西大街甲 158 號	
郵　　編	100720	
網　　址	http://www.csspw.cn	
發 行 部	010 - 84083685	
門 市 部	010 - 84029450	
經　　銷	新華書店及其他書店	

印刷裝訂	北京君昇印刷有限公司	
版　　次	2023 年 9 月第 1 版	
印　　次	2023 年 9 月第 1 次印刷	

開　　本	787 × 1092　1/16	
印　　張	16.25	
字　　數	256 千字	
定　　價	198.00 元	

發 刊 詞

　　韓國國立昌原文化財研究所 [1] 主持的伽倻文化圈主要遺跡發掘調查于 1992 年首次在阿羅伽倻的古都——位于慶尚南道（以下簡稱慶南）咸安地區的咸安城山山城（歷史文化遺產第 67 號）中發掘出 27 枚木簡。

　　在咸安城山山城的發掘調查中發現了層段補築的修築方法並確認了與南門遺址、東門遺址及周邊水利設施等與山城相關的遺跡的位置。這些遺跡中還出土了蓮花紋瓦當、滴水瓦、陶器類、鐵類及大量木器，特別是 120 枚木簡的發現使城山山城成爲韓國最大的木簡出土地。

　　眾所周知，因爲木簡上有清晰可見的用墨寫成的文字，所以在韓國古代史研究上具有非常重要的史料價值。

　　咸安城山山城出土的木簡是 6 世紀中期的新羅木簡，從中可以確認新羅的官位等級與職名，這些材料可以證明城山山城是新羅在征服阿羅伽倻後建造的。

　　20 世紀 70 年代中期以後，即在慶州雁鴨池的正式發掘調查中出土木簡以來，在山城內的蓄水池、寺廟及其他池塘等處相繼發掘出不少古代木簡。

　　雖然已經意識到這些銖積寸累的資料在古代史研究史料中占有重要的地位，但分散于全國各地的學者却不具備一一確認、調查這些資料的條件。

　　韓國國內收藏木簡數量最多的國立昌原文化財研究所認識到有必要出版一本全面了解木簡的綜合資料，于是在 2004 年出版發行了《韓國的古代木簡》，受到國內外學界的熱切關注。

---

1 2007 年 11 月 30 日，國立昌原文化財研究所更名爲國立伽倻文化財研究所 。

　　鑒于發行數量有限，不能滿足研究者與愛好者的購買需求，我們已經將全書内容製成 PDF 版本後公開上傳至研究所的主頁。但是，由于資料空間的限製，並未得到廣泛的利用，要求出版圖書的呼聲一直没有停止。

　　考慮到上述現實需求，我們以 2004 年版《韓國的古代木簡》爲底版重新整理所有不重複的照片資料和主要研究内容，出版了便于大衆使用和購買的修訂普及版。

　　最後，對一直到《韓國的古代木簡》的修訂普及版出版前還在辛勞的池炳穆專任所長與研究所相關職員，以及鼎力相助的減貃出版社社長俞聖雄再次表示深深的感謝。

2006 年 7 月

韓國國立昌原文化財研究所所長　崔孟植

前　言

韓國國立昌原文化財研究所爲什麼要出版有關木簡的圖書？

作爲伽倻文化圈重要遺跡維護事業的一環，韓國國立昌原文化財研究所自1991年起連年對位于慶南咸安郡的咸安城山山城進行發掘調查，試圖弄清城山山城的特征、建造年代、築造方法等問題。

在進行發掘調查的過程中，在城牆內部發現了肉眼可見的石砌牆壁，及爲防止城牆基部輕易倒塌，而在外牆基部增築的石製三角形結構。眾所周知，此種結構（層段補築）與新羅的山城築造方式有一定的關聯。而且还在調查的第一年（1991年）就發現了新羅的瓦片（蓮花紋瓦當、鬼面瓦等）。

那麼是不是可以説咸安城山山城並不是伽倻的山城，而是新羅在征服伽倻後爲了防備周邊勢力入侵而修築的城郭呢？

第二年（1992年），在確認東門周邊的城牆及城門遺址的發掘調查中也發現了相同樣式的石築城牆，並在確認東門遺址的過程中得出層段補築結構是從東門遺址外牆開始的結論。

基于此，推測城山山城是6世紀左右的新羅山城，這使得我們更加期待築城碑（與建造山城有關的碑文）的出土。

1978年丹陽赤城碑、1988年慶州明活山城築城碑、慶州南山新城碑的出土給復原6世紀的新羅歷史帶來了重大的契機。如此看來，咸安城山山城也有可能發現與築城相關的金石文。

雖然在新羅領域內的許多山城中都發現過層段補築結構，但因爲是首次發現其起點，這使我們帶着更多的熱情去參與調查。城內有當時種植水稻的稻田，周圍水氣重，由于東門址一帶是山城內部地勢最低的地方，自然就在這裏建造了排水渠。在6月的盛夏，掀開表層土，越往下深入就越看不清底部，直到出現了紫色的淤泥層，在它的下面則是黑色的有機質層。

水池的惡臭雖然很刺鼻，但是爲了探清底層不得不往下挖。在有機質層中有許多積壓的木屑（天然木材和削下來的碎木屑等），在其內部有核桃、橡子、核桃皮等堅果，此外還發現了陶片、木棒等木製品。

木棒等木製品一出土，便被小心翼翼地去除了有機物質。由于這些木製品長期浸泡在與氧氣隔絕的水中，極易出現瑕疵和斷裂，另外，這些木製品一旦遇光，出土時的原色就會開始變黑。爲了維持所收集木製品的原初狀態，我們購買了密封容器將其浸泡在水中。

在這一過程中，狹窄的木板上有像文字一樣的東西忽然映入眼帘。木製品含有水分，所以可以在一瞬間看到上面用墨寫的字跡。

啊！這就是傳聞中的木簡。

雖然立即向研究所打電話報告了木簡的出土，但是興奮的心情卻難以平復。洪性彬所長接到電話後立即奔赴現場。

自 1975 年慶州雁鴨池出土木簡以來，雖然偶爾也會在一些遺跡中發現木簡，但是實際面對木簡那一霎那間的興奮卻久久不能平復。

但是，木簡上的墨字很快便消失殆盡。由于木簡暴露在空氣中後立即變黑，雖然嘗試過用肉眼辨識墨字內容，但無法準確地掌握字跡的形態。

在後續的調查中又收集到大約 20 枚木簡。但是能用肉眼直接觀察到文字的只有一兩枚，大部分木簡因爲長時間埋在淤泥層中已經氧化發黑，難以判斷字跡的有無。所以爲了維持木簡的出土原初狀態，在查明其實際狀況之前，木簡會一直浸在辦公室的水箱裏保存。

發掘調查結束後，爲了木簡的處理工作，我們在進行實物測量與拍照後，將遺物的保護工作委託給了國立文化財研究所保存科學研究室。但是並未即時展開保護工作，在隨後的調查（1994 年）中，又發現了幾枚木簡，同樣也委託保存科學研究室負責相關的保存工作。

在此期間，我們研究所的辦公樓竣工，購入了各種可以保存處理木簡的器材，當然，在研究所所長的特別關照下，還購入了可以觀察墨痕的紅外綫照相機。在紅外綫攝影設備尚未普及的條件下，這是觀察木簡墨跡所必需的器材。

　　1997 年，辦公室安裝了紅外綫照相機，在經過幾次測試、熟練掌握操作方法後，我們立刻將其投入到觀察木簡墨跡的工作中去，並在大部分木簡上都看到了清晰的文字。有墨跡的地方可以很清楚地看到其形態。但遺憾的是，不認識的文字很多，這些文字既不是草書也不是現在的常用文字，釋讀工作並非易事。將顯現的文字複製下來委托專家進行研究，結果確認了這是用典型的新羅人名標記法記録的新羅木簡，木簡上還記録有新羅的地名。

　　木簡上書寫的文字大部分都是短句，有的只寫了一面，有的兩面都有，但是都難以構成章句，大部分内容都在十多個字。

　　根據專家確認，文字有地名、人名，以及官階名等内容，但是也有因爲殘損而不能準確釋讀的部分。

　　官階名中確認有新羅的外位官職“一伐”，“一伐”是外位第八等級。

　　木簡上還有許多地域名（伐、村、城）和被確認爲人名的字句，以及不知道是官職名還是物品名的文字。

　　新羅的人名標記大致按照“職務名、部名（出生地名）、人名、官階名”的順序用文字書寫，與高句麗的記録方式（職務名、部名、官階名、人名的順序）明顯不同。

　　上述内容在寫入咸安城山山城發掘報告書以後，在諸多研究者的建議下，1999 年在韓國首次以木簡文物爲主題舉辦了國際學術研討會（韓國、中國、日本），這也成爲確立木簡學的契機。

　　之後，研究者們利用咸安城山山城木簡發表了多角度的研究成果，在2002 年又傳來了出土 100 多枚木簡的驚人消息。

　　現今，爲了考察東門遺址附近特別是木簡出土地的特徵，咸安城山山城發掘調查項目自 2003 年起實施年度調查，從而確認了大規模蓄水設施的存在，並對其進行細致勘查。

　　以咸安城山山城發掘調查中出土的 6 世紀中葉的新羅木簡爲契機，全國範圍內的山城調查都在慎重地對蓄水池等低濕地部分進行發掘，每年都有木簡出土，期待今後能設立韓國木簡學會以促進木簡研究者後備力量的擴大和發展。

　　2004 年，韓國國立昌原文化財研究所以充實木簡研究資料和擴大研究者後備力量爲目的，將韓國出土的所有木簡整理成《韓國的古代木簡》一書出版發行。

　　雖然圖書出版後得到了國內外學者們的熱烈響應，但也受到發行量不足與圖書尺寸使用不便的批評。加之讀者的購書需求，所以決定修改圖書的規格與排版，着手重新出版普及版的工作，將成果再次公之于世。

2006 年 6 月

凡　例

1. 木簡圖録修訂版以 2004 年出版的《韓國的古代木簡》爲底版。爲避免木簡編號混淆，繼續使用了原來的編號。

    – 原則上以有墨痕的木簡爲收録對象，未收録無墨痕或尺寸很小的殘片木簡，同時也將它們的編號一並排除在外。

    – 昌寧火旺山城與仁川桂陽山城出土的木簡僅做簡要介紹。

2. 2004 年版《韓國的古代木簡》中刊載的一部分實測圖和放大版紅外綫照片，在本普及版中則全部省略，無墨痕面的照片也一並省略。

3. 爲了便于一般讀者理解，朴鍾益綜合整理了《韓國的古代木簡》（2004 年版）中刊登的原文内容，僅介紹木簡的概要部分。

4. 爲便于讀者理解，修訂版在各木簡圖片下方配有釋文。

    – 各遺跡章節的末尾附有《韓國的古代木簡》（2004 年版）的釋文。

    – 慶州地區出土木簡部分附加了孫煥一的釋文（韓國古代史學會資料室，2004.12.1）

    – 咸安城山山城部分在下面配有朴鍾益的釋文。

5. 《韓國的古代木簡》（2004 年版）因出乎意料地受到韓國國内外研究者及一般讀者的熱烈響應，早早就處于絶版狀態，考慮到一般讀者對木簡理解與研究資料的需求，特此委托出版修訂版。

目　　録

什麼是木簡?

木簡指的是將木材加工成爲細長方形後，在上面書寫墨文的木片，在紙張尚未普及的古代東亞社會中最爲常用。以下是學界關于"木簡"概念的一些定義：

○ 木簡是被修整的很短的木片，上面有爲了表達意思而寫的文字，因此是了解木簡出土遺址年代與特征的重要資料。

- 木簡上的内容反映了當時社會的各種生活面貌。

○ 木簡指的是在紙張發明或普及之前，經削製後可以用墨寫字的木頭，也可以將其稱爲紙張發明之前的"紙"。

○ 木簡就是在木片上刻文字、圖畫或是用墨書寫文字。

- 包括用刀或針等工具刻字，或是因循環使用、修改錯字而削掉的帶有文字的碎木屑等記有文字的木製品的情況，或是畫有圖案的情況都被稱爲"木簡"。

- 文字可以積累知識和信息，並具有普及和傳達的功能。

如上所述，木簡雖然有如此多的定義，但實質上大同小異，都是指用墨在木片上書寫文字，傳遞内容。

• 木簡因何而生，又因何消失在歷史中？

在發明紙張之前，古人是在何處表達想法並進行溝通的呢？

雖然也有單純地在岩石或洞窟壁面上刻下他們的意思，或是用畫表現出來的情況，但在中國古代的上層社會主要是用尖銳的工具將文字刻在甲骨、石板，或是青銅器等器物上面。不過這樣的材料在製作以及記錄、傳遞、保管等方面存在諸多不便。因此，可以就近取材且易于加工的輕便木頭受到了人們的青睞。換句話說，用木頭製作木簡的主要原因有材質堅固、取材方便、削去表層即可輕鬆循環使用、與昂貴的紙張和絲綢相比價格低廉等幾個方面。

這樣的書寫方式從中國經朝鮮半島傳入日本。現在中國學界將這樣的書寫材料稱爲"簡牘"，韓國和日本學界稱爲"木簡"。

不過在中國，在木片上書寫文字以前，主要使用的是竹子。竹子具有輕巧、方便加工成細長條且耐用的特點，即便是爲了記錄較長內容而編連在一起後體積也不會太大，因此特別受歡迎。

另外，在中國不生長竹子的乾旱地帶與北方地區使用普通木頭（紅柳）作爲書寫材料，與"簡"相比，這樣較厚且寬的書寫材料被另稱爲"牘"。現在，中國學界把前者稱爲"竹簡"，後者稱爲"木牘"，兩者統稱爲簡牘。[1]

因此，簡牘中"簡"字的意思是細長形的竹片，寬度大約 1 釐米。而"冊"字則是反映爲了記錄更多内容而用書繩將簡編連起來模樣的象形文字，而"典"字是反映將冊放在檯子（丌）上面或雙手捧着書的樣子。

雖然木頭作爲書寫材料與青銅器和石板相比有着巨大的優勢，但是受限于體積和重量，在記錄大量文字的時候仍有許多不便。當然，在當時已經出現了能夠彌補木質書寫材料缺點的帛（即絲綢）。絲綢輕便，方便書寫，可以卷成卷軸，便于搬運和保管，但價格昂貴，僅供皇室或上流階層享用。計算"冊"數的"卷"，其原意是帛書以卷軸形式卷起之意。

但是，同時具備兩種書寫材料的優點，即木頭的經濟性與實用性，以及絲綢在運輸、保管上的便利性，劃時代的書寫材料——紙在中國登場。

---

1 大庭脩：《木簡》，東京：學生社，1979 年，第 17—20 頁。

在東漢時期，隨着蔡倫對紙張品質的改良，紙作爲書寫材料得以廣泛普及，竹簡逐漸消亡。最終，以紙張生產實現經濟性的 4 世紀爲轉折點，紙成爲中國主要的書寫材料，木頭淪爲次要的書寫材料。

6 世紀以後，韓國和日本也進入了紙、木並用的時代，許多信息被寫在了紙上，而木簡則主要用于簡單的筆記、摘録以及謄寫在紙上之前的練習。但是，即使在紙張普及以後，也有偏好選用木頭作爲書寫材料的場合。

與紙張相比，木頭更加耐用，因此在稅金運輸與倉庫保管等場合被廣泛製作成用于物品上的荷札（標籤）或是在與人口流動相關的場合中被廣泛製作成過所木簡（身份證明）等。

在韓國與日本的古代木簡製作中，韓國主要用松木，而日本則主要使用杉木。

另外，6 世紀以後，韓國和日本的古代木簡都像今天的卡片一樣每一枚木簡都是獨立使用的。因此，如果正面的內容沒有記完，背面也會接着記録內容。雖然，在中國也有記録在背面的情況，在三面形、四面形或多面形木簡的各面上記録文字的"觚"狀多面木簡很早就被製作出來，但原則上大部分只在正面書寫。

木簡的種類

　　木簡有許多種類。在木簡大量出土、整理的中國，木簡按照形製、材質、尺寸細分爲簡、牘、觚、檢、楬、符、券、棨、致、傳、柿、檄等。

　　"簡"指的是記錄有文字的竹片，即竹簡。與竹簡的形製和尺寸類似、但將文字寫在木片上而非竹片上的則被稱爲木簡。秦漢時代，標準的竹簡、木簡是一尺簡。按照規定，長約23釐米（漢代的1尺）、寬約1釐米（5分）、厚0.2～0.3釐米（約1分）。一枚簡上一般寫有30～40字，也有的寫50字。基于對記錄內容完整性的考慮，這些獨立的竹簡、木簡一般按照一定的數量，用繩子編綴到一起使用。

　　"牘"在《説文解字》中被解釋爲"書版"，即寫字的木片。雖然長度與一般的竹簡、木簡相似，但是更寬，有些不用繩子編綴在一起，有些則在牘的上端打孔穿繩使用或乾脆没有孔而直接編聯。目前出土的絕大多數牘都是用木頭而不是用竹子製作而成，因此被稱爲木牘。目前出土的木牘主要用于信件、合同、處方草稿、日曆、通行證等。

　　"觚"是多邊形的木棒形態，爲了寫字一般製作成3～4面，罕見的能有7～8面。與最多只能寫兩面的一般木簡相比，可以記錄更多的文字。"觚"的用途比較特殊，可用于軍隊命令文書（檄書）的書寫、兒童用習字教本、档案的起草、練字等。

　　"檢"主要是官衙在運送文書或物品時使用的一種木牘，根據其用途可分爲兩類。一是文書檢，主要是官衙在發送公文與信件時用于記錄收件方官衙的名字、地址及傳達方式等，附在文書包裹的最外面。可以說，文書檢起到了今天信封的作用。這種檢約有6寸長，比竹簡、木簡寬，一般有兩列或三列記錄。

慶州月城垓子出土觚形木簡

金海鳳凰洞遺址出土《論語》木簡　　　仁川桂陽山城出土《論語》木簡

二是運送機密文書或物品時使用的封檢，可以起到防止外泄或他人拆閱的作用。封檢呈木牘形態，上半部分或中間有凹字形槽。將檢放在裝有文書的包裹或物品的箱子上，沿着凹字形槽用繩子綁好後，在上面壓上封泥，並在封泥上蓋章。這可以想象成今天的郵包。

"楬"大致分爲兩種形製。第一種是在削成圓形的上端，用墨塗上黑色或網紋斜綫，楬的上端一般都有一個或兩個穿孔。穿孔的原因是方便用繩子把楬繫在盛裝物品的箱子或籃子上。至今爲止出土的此種形製的楬上記錄有物品名、文書名、賬簿名、武器的數量等內容。

第二種是將上端或下端削成三角形或半圓形，正下端的兩側有凹字形或三角形的凹槽，這也是爲了方便將楬插在或用繩子繫在裝有各種物品的箱子或籃子上。

但是在中國南昌市東晉時期墓中發現的楬則像今天的名片一樣，記載着特定人物的官職名、郡縣鄉里名、姓名、字、年齡等內容。

同時，也有木楬與封檢一起縛在箱子上出土的情況，這種情況的封檢上記錄有物品收件人的地址、姓名、運輸方式等，木楬一般記錄箱子裏的物品名稱或數量。

"符"是使臣或旅行者通過關所或在官衙爲了證明自己的身份而出示的一種信物（符信），原則上爲竹製（竹符），但也有木製的情況（木符）。符將一個竹簡、木簡按照同樣的形製兩分之後可配成一對，由兩處官衙各保管一枚。相互往來的使臣、官吏、旅行者等帶着官府發放的符到其他機關，爲了核對身份，出示所持的一半符，確認與另一半的符能否吻合。今天的"符合"一詞就是由此而來。一般來說，符長爲 6 寸（約 15 釐米），比一般的 1 尺（23 釐米）長的竹簡短，在符的上端，左右各刻一個三角形的契口，一般來說，兩符相吻合時，契口也應該是相一致的。除此之外，與符相似的還有棨、傳、致、券、莂等。

"柿"是從竹簡、木簡上削下來的木屑。如果在竹簡、木簡上寫錯文字，或者竹簡、木簡的原用途已盡，要刪除原有內容、記錄新內容時，有必要去除原有竹簡、木簡表面的一部分或全部內容，但由於當時沒有橡皮擦，不得不用刀削去竹簡、木簡的表面。

扶餘陵山里遺址出土木簡

古代東亞木簡的出土現狀

● 中國的木簡出土現狀

中國出土竹簡的記錄可以追溯到西漢武帝末年，但留下實物的是 1900 年起到現在出土的約 25 萬枚簡牘。

○ 1901 年英國探險家斯坦因（Marc Aurel Stein）在塔里木盆地南部的尼雅遺址發現 3—4 世紀中國晉簡 50 枚，開中國木簡出土之先河。

○ 1901 年瑞典探險家斯文·A. 赫定（Sven A.Hedin）在羅布泊西端被推測爲樓蘭王國遺跡的廢墟中發現 120 多枚晉簡。

○ 1907 年斯坦因在敦煌一帶的漢代烽燧遺址中發現 700 多枚木簡。【敦煌漢簡】

○ 1930 年瑞典考古學家 F. 貝格曼（Folke Bergman）在額濟納河流域的漢代烽燧遺址中發現約 1 萬枚木簡。【居延漢簡】

○ 1951 年長沙五里牌 406 號墓中出土楚國竹簡 38 枚，爲首次從古墓中出土簡牘。

○ 1974 年山東省臨沂縣銀雀山一號墓出土約 5000 枚竹簡。（其中包含《孫子兵法》相關資料）

○ 1975 年湖北省雲夢睡虎地秦墓出土 1000 多枚有關法律的竹簡。

○ 1973—1974 年在對額濟納河漢代烽燧的重新調查中發現約 2 萬枚木簡。【居延新簡】

○ 1979 年在敦煌市東部的郵驛遺址中發現約 2 萬枚木簡。

○ 1989 年在雲夢龍崗六號秦墓出土 150 枚秦律竹簡，在湖北省發現 700 枚漢代竹簡。

○ 1996 年在長沙市走馬樓古井中出土 2000 枚以上的木簡和 10 萬枚以上的竹簡。[三國時期吳國租佃關係文書] 在紙張已經普及的三國時期，竹簡、木簡仍在使用的現象值得關注。

○ 2002 年在湖南龍山縣秦漢時代的城郭遺址中發現 2 萬多件秦代公文書。

• 日本的木簡出土現狀

日本在 970 個以上的遺址中發掘出土約 31 萬枚木簡。其中古代木簡居多，但最近中、近世木簡的出土數量正在增加。第二次世界大戰前，日本在 11 個遺址中都出土過木簡，但日本的木簡發掘直到 1961 年奈良國立文化財研究所在平城宮遺址中一次性發掘出 40 枚木簡時才正式開始。這些木簡于 2003 年被指定爲重要的文化遺產，其中記有 763 年、764 年左右法華寺向平城宮內的大膳職申請大豆、食醋等食品的內容。由此可知，木簡在當時被用于日常事務的記錄。

此後，隨着木簡在各地的陸續出土，學者們提出建立"木簡學"的必要性，1979 年木簡學會成立，每年都出版機構刊物《木簡研究》，搜集、介紹全國木簡出土實例。另外，奈良文化財研究所將至今爲止公布的所有木簡整理成數據庫，在相關網頁上公開木簡信息。

日本的木簡

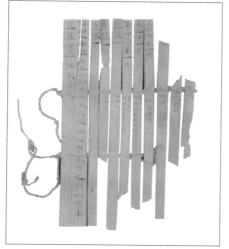

西漢時代木簡

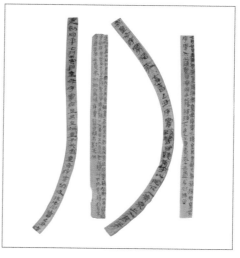

東漢時代木簡

從記載的内容來看，日本木簡也可以分爲文書木簡、標籤木簡、其他木簡等類型。

文書木簡有爲了向人或機關傳達某種意思而製作、使用的，也有行政處理方面的記録、賬簿、單據等。

標籤木簡分爲荷札木簡和附札木簡。荷札木簡縛在根據稅則而繳納的物品上；附札木簡則用于整理與記録倉庫保管的物品。

其他木簡則包括塗鴉、練字用的習書木簡，用來祈禱傳染病消失等的咒術用木簡等。

• 韓國的木簡出土現狀

在韓國，自 1975 年首次在曾是新羅首都的慶州雁鴨池出土古代木簡以來[1]，各地遺址都出土了木簡。20 世紀 90 年代以後幾乎每年都有木簡出土。特別是隨着考古學家們開始關注可以完好保存木製遺物的低濕地，對低濕地進行了更加精細的發掘，目前共出土約 250 枚有墨痕的木簡。

朝鮮半島出土的最古老的木簡是在平壤一帶的樂浪郡遺址中發現的中國漢代木簡，但這並不是韓國的木簡。同樣的情況還有日據時期彩篋塚出土的記録死者祭品與祭祀者的木牘[2]，1945 年以後樂浪一帶出土的記録《論語》第 11、12 卷全文的成捆竹片[3]。

另一方面，在被推測爲樂浪郡轄地的樂浪土城中，找到了印有樂浪郡所屬的 25 個縣中的 22 個縣的官印的封泥[4]，據推測是在拆閱各縣向樂浪郡發送的文書木簡時掉落的。因爲漢四郡在朝鮮半島的活動，韓國古代社會很早就接觸到了中國的木簡記事方式。

---

1 李基東：《關于雁鴨池出土的新羅木簡》，《慶北史學》第 1 輯，1979 年；《新羅骨品製社會與花郎徒》，首爾：一潮年閣，1984 年。

2 李基東：《新羅骨品製社會與花郎徒》，第 394 頁；林起焕：《彩篋塚出土木札》，《譯註韓國古代金石文》第 1 卷，1992 年，第 447 頁。

3 柳丙興（류병흥）：《考古學領域取得的成果》，《朝鮮考古研究》總第 83 期，1992 年，第 2 頁。

4 李基東：《新羅骨品製社會與花郎徒》，第 394 頁；林起焕：《封泥銘》，《譯註韓國古代金石文》第 1 卷，1992 年，第 321 頁。

在公元前1世紀的慶南昌原茶戶里首領墓遺址中雖然沒有發現木簡，但是發現了作爲書寫工具的毛筆5支與製作木簡或削掉木簡上錯字時使用的削刀[1]。因此可以推測在公元前1世紀前後，朝鮮半島的政權通過與漢四郡的交流，已經將木簡直接用作書寫材料。

表1　韓國古代木簡的出土現狀統計表（2006年1月）

木簡出土遺址（發掘時間）	木簡年代	木簡數量（有墨痕木簡數量）	備注
慶州雁鴨池（1975）	新羅8世紀	107（69）	觚（六面墨書）
慶州月城垓子（1984-1985）	新羅6-7世紀	34（29）	觚（文書）
慶州皇南洞376（1994）	新羅8世紀	3（3）	
慶州博物館用地（1998）	新羅8世紀	4（2）	
扶餘官北里（1983-2003）	百濟7世紀	12（10）	
扶餘宮南池（1995-2001）	百濟7世紀	11（3）	觚（習書）
扶餘雙北里（1998）	百濟7世紀	2（2）	
扶餘陵山里寺遺址（2000-2002）	百濟6世紀初期	24（20）	削衣、觚（文書）
益山彌勒寺遺址（1980）	新羅	2（2）	觚
河南二聖山城（1990-2000）	新羅6-7世紀	29（13）	觚（文書）
咸安城山山城（1992-2003）	新羅6世紀中期	122（94）	題籤軸
金海鳳凰台住宅用地（2000）	新羅	1（1）	觚（論語）
仁川桂陽山城（2005）	百濟	1（1）	觚（論語）
昌寧火旺山城（2005）	新羅	3（3）	觚
總計14處遺址		**355（252）**	**觚14枚以上**

* 合計木簡的數量可能與實際出土木簡的數量有差異。

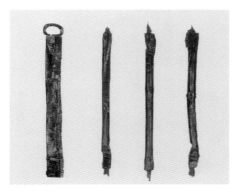

咸安城山山城出土的削刀（↑），筆（↓）

昌原茶戶里1號出土的毛筆與削刀（轉載于釜山市立博物館福泉分館，《刻在遺物上的古代文字》，1997年。）

---

1 李健茂：《關于茶戶里遺跡出土的筆》，《考古學誌》總第4期，1992年。

特別是高句麗和百濟是在與樂浪郡對峙的情況下建立的古代國家，這些國家的形成背景很可能與通過樂浪郡積極接受中國文化有關。據推測，至少在 4 世紀，高句麗和百濟社會中流通中國的典籍，它們也曾嘗試積極引入中國的文書行政系統。這一點在一定程度上可以通過 4 世紀中期建造的安岳 3 號墳中的政事圖上描繪的書寫場面進行推論。

6 世紀以後，從新羅和百濟的遺址中出土的木簡資料事例不斷增加。占據韓國古代木簡大部分的新羅木簡，不僅在都城出土，在地方的山城中也有出土的事例。據推測，在山城出土的原因是這些山城起到了地方治所（行政機關）的作用。特別是在咸安城山山城出土了體現文書行政實例的題籤軸，進一步提高了這種可能性。另外，隨着木簡的年代被廣泛確認爲自 6 世紀中期到 8 世紀，使得木簡成爲最近新羅史研究中最核心的文字資料。

但是《梁書》第 54 卷《新羅傳》中的"無文字，刻木爲信。語言待百濟而後通焉"的記載說明新羅沒有文字。

相反，百濟的木簡目前主要發現于泗沘都城的遺跡中。但是從《周書》中記載百濟"兼愛墳史。其秀異者，頗解屬文"和《隋書》中也有百濟人"能吏事"的記錄來看，百濟很有可能在 6 世紀以前就在地方政府實務中使用木簡。

• 韓國何時開始使用木簡？

雖然可以根據漢字在朝鮮半島的普及推測韓國很早就開始使用起源于中國的木簡，但是却不能知悉更詳細的情況。不過，在慶南昌原茶户里被推測爲公元前 1 世紀統治階層的土壤墓中發現了 5 支用來寫字的毛筆。這些毛筆兩端都能使用。

另外，在扶餘的都城遺址內發現了可以磨墨的高級硯台等遺物，據此可以推測百濟人的文字生活。雖然有佛像的銘文、墓室內的墨文銘等很多文字資料，但是就木簡來講，最早的實例是被推測爲 6 世紀初期的扶餘陵山里寺遺址。

　　作爲木簡，咸安城山山城木簡，慶州雁鴨池和月城垓子的木簡，河南二聖山城的木簡，扶餘、金海、昌寧、仁川地區的木簡僅揭示出與該遺址相關的年代，卻無法得知木簡具體是從何時開始使用的，又是如何使用的。

　　在韓國，有關"木簡"一詞，可以具體確認其實例的是《三國遺事》。

　　雖然在"居陀知"神話中無法得知木簡的形製，但是從木片上刻有自己姓名這點來看，是可以將其視爲木簡的。從在爲了挑選留在島上的人，而采用"宜以木簡五十片，書我輩名，沉水而鬮之"的記錄來看，在木片上刻上名字以解決問題這點分明是具備了木簡的功能。

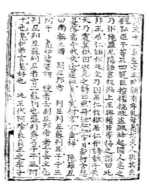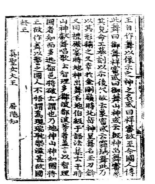

• 木簡爲什麽很重要?

　　木簡作爲在同一歷史時期書寫的資料，是基本史料或一手史料。這些資料不是編輯或重新整理過的，而是包含了當時内容的原始資料，所以很重要。

　　換句話說，這些資料並不是隨着後代的認識而重新解釋或重新製作的，而是原封不動地保留了原始的記錄内容。

　　當時製作的資料由于各種原因，都沒有很好地保存到今天，因此具有稀缺性，又由于木簡記録内容的多元化，使其更具有史料價值。

而且，這是時人記録的原貌，可以揭示出文獻史料所不能反映的年代及與之相關的各種情況等。

木簡可以反映出土地點的性質，可以辨明是否是軍事基地、行政官署、宮殿、寺院等有具體特征的場所。

• 關于木簡出土地的疑問

對于出土木簡地點（遺址、遺存）的一些疑問，可以爲探尋各種情況提供依據。

1. 木簡爲何于此處出土？

2. 木簡上有什麼内容，又是誰製作的？

3. 木簡是在哪裏製作出來的？

4. 爲什麼要製作木簡，又爲什麼要送到此處？

5. 出土于哪個土層，一同出土的其他遺物對時代判定有何幫助？

6. 木簡是否被臨摹過？

7. 木簡上是否附加了其他内容？

8. 木簡爲何在此處被廢棄？

9. 如果學者們帶着"木簡如何被廢棄，又爲何被廢棄？"等上述疑問去看待木簡，那麼不論是在出土遺址，還是木簡性質或推測年代方面，都會更有幫助。

通過木簡看
韓國古代的文書行政

• 木簡的使用階層

　　在 6 世紀以後的新羅和百濟，將木簡用作書寫材料的主要階層是國家的官員。雖然貴族的家臣與相當于官員預備隊的學生也可能使用木簡，但是在發達的文書行政系統中，紙或木簡等書寫材料的最大需求層只能是國家。另外，在紙普及率低的地方政府中，木簡並不是只被用作簡單的筆記或練習，正式的出納簿或公文也使用木簡。

• 韓國古代的文書行政

　　國家的政務是通過由"文字"構成的"記録物"來處理的。這類國家政務記録物大致上有官衙之間相互往來的文書和與官衙業務相關的整理有序的賬簿等。一般來説，古文書學只把有明確收受關係的文件定義爲文書，但從廣義的角度來看，官衙的賬簿也被定義爲文書，由此類文書組成的國家行政系統就被定義爲"文書行政"。

　　國家最重要的事情就是"財政"事務，即徵收稅金、並將其分配到所需地區。韓國古代社會以人爲單位征稅，也就是"人頭稅"。爲了征稅就需要將人按户分類的户籍，或是類似賬本一樣的記録增減的籍、賬類文書。日本正倉院收藏的 695 年的新羅"村落文書"正是因這樣的用途製作而成的。

村落文書將紙連接卷成卷軸後加以保管，文書保存期限過後轉讓給寺廟，轉用于抄寫佛經經書。當時紙很珍貴，所以先把紙拼接起來用正面，然後再利用紙的背面。[1]

正倉院收藏的"佐波理加盤附屬文書"最初就是在新羅官廳裏使用的整理貢品收納的文書，背面又被用作記錄俸禄支付，最後在文書保存時間過後被撕成碎片，被當作用來包裝新羅對日交易品的廢紙。

• 咸安城山山城題籤軸的意義

據推測，在比正倉院"村落文書"早150年的6世紀中期，新羅已經以村爲單位編製賬簿類文書。能够證明這種推測的遺物就是咸安城山山城出土的寫有"利豆村"墨文的"題籤軸"。據推測，卷在這一軸上的紙文書很有可能是"利豆村"相關賬簿中的徵收記録。由此可以確定，在6世紀中期新羅地方官衙也將户籍等國家重要文獻寫在"紙"上。因此可以認爲，最晚在6世紀中期，韓國古代社會已經進入了紙木並用時期。

關于這個題籤軸的用途，可以參考與其相似的、在日本大量出土的卷軸事例。由于官府文書數量龐大，需分類以便于查找。在古代日本，卷軸紙文書將文書的題目記録在卷軸上，作爲文書的標識，可參考8世紀平城京遺址出土的實物。在古代日本，粗的木籤軸（木棒形棒軸）被用于由各地呈報給中央的文書，而與之相比卷軸等級較低的題籤軸則主要用于各官衙內部保管的文書。[2]

從咸安城山山城出土的題籤軸與古代日本的題籤軸形製相似，時間上早150年來看，這種題籤軸的製作方法很有可能是從新羅傳到日本的。

從古代日本的這種事例來看，城山山城的題籤軸應是用于咸安（郡）

---

1 尹善泰：《統一新羅時期王室的村落支配——以古代文書與木簡的分析爲中心》，首爾大學，博士學位論文，2000 年，第 8—83 頁。

2 日本國立歷史民俗博物館：《文字中的風景——從金印到正倉院文書》，東京：朝日新聞，2002 年，第 67—68 頁。

地方官衙製作、保管的文書，從"利豆村"的墨文來看，可以推測是有關隸屬咸安（郡）的利豆村的賬簿類文書。在古代日本，紙文書一般被用于有保存期限的重要公文中。從這些題籤軸文書成于紙張十分珍貴的6世紀中期這點來看，將其推測爲"利豆村"的賬簿類文書也是合理的。

但是，在古代日本，這種利用題籤軸的文書分類法及户籍的編製一直到7世紀末才出現。這意味着新羅比古代日本早150年就出現了高度發達的文書行政體系。咸安城山山城出土的題籤軸無疑是展示韓國古代社會文字生活和文書行政真實面貌的驚人發現。

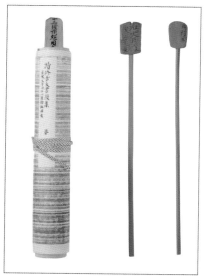

日本題籤軸實例

咸安城山山城出土的題籤軸

咸安城山山城

• 咸安城山山城與木簡

　　環繞慶南咸安郡伽倻邑廣井里鳥南山（海拔 139.4 米）山頂的咸安城山山城（歷史文化遺產第 67 號）是三國時代修築的山頂式石築城，國立昌原文化財研究所從 1991 年到 2001 年對其進行了 10 年的發掘調查。

　　城山山城所在的鳥南山（又名造南山，城山）在伽倻邑所在地的東南向約 2.5 公里處，北面俯瞰咸安道項里（道項里古墳群，歷史文化遺產第 84 號）、末山里古墓群（歷史文化遺產第 85 號），南面與鎮東灣相距 18 公里，北面約 7 公里處是南江。

　　《咸州誌》中的古跡條“伽倻國舊墟，在郡北五里許城山之上，周回四千三百八十三尺，至今城基宛然。隆慶己巳年（1569）張侯范建書院于此，今移琴川”是唯一流傳下來的有關咸安城山山城的歷史記錄。

　　也就是説，雖然將城山山城視爲伽倻國的遺址多少有些問題，但是從《日本書紀》第 19 卷欽明天皇二十二年（561）條“……故新羅築城于阿羅波斯山以備日本”的記錄來看，新羅爲了抵禦日本的入侵而在阿羅的波斯山上築城的記錄爲推測城山山城的建造年代提供了綫索。

　　從東門到南門周長約 1400 米的體城各處有加強外墻基底的單面三角形石製建造物，特別是在東門遺址周邊的城内發現了被認爲是韓國最大木簡出土地的大規模多层重叠蓄水池。針對蓄水池製定的系統調查計劃目前仍在進行當中。

　　城内較低的東側城墻附近，在已經堆積 3 米以上的早期蓄水池的最下層淤泥層（黑褐色有機質層）中集中出土了木簡。

　　到目前爲止，一共有 120 餘枚木簡與題籤軸、數百塊小型木質遺物及大量動植物遺體一起被清理出來。[1]另外，這裏還出土了整理木簡或削墨文時使用的削刀，以及用來書寫墨文的筆。隨着木簡製作過程中各階段使用的木材的出土，可以了解木簡製作與使用的實際情況，也揭示出木簡在當地製作的可能性。

• 咸安城山山城木簡的分類

　　咸安城山山城出土了包括題籤軸在內的許多木簡。在122枚木簡中，雖然有一些可以用肉眼看清的墨文，但大部分木簡都已氧化變黑，只能通過紅外綫拍攝才能看到內容。

　　一般來講，雖然木簡可以根據其形製討論其功能，但由于目前無法正確解讀墨文的內容，因此難以推測木簡的用途。

　　以出土的118枚木簡（不包括4枚題籤軸）爲準，木簡的形製、內容等可以簡單整理如下。

- 出土木簡分完形（27枚）和殘片（91枚）。
- 有墨文（99枚）、無墨文（19枚）。
- 根据墨文書寫面的不同分爲1面（81枚）和2面（18枚）。
- 有頭簡（51枚）。
- 有孔簡（4枚）。
- 有相同墨文名的簡（2枚）。
- 有官階名的簡：一伐（4枚）、一尺（1枚）、上于支（1枚）等。
- 有人名簡：支（10枚）、知（8枚）、只（2枚）等。
- 有地名簡：伐（10枚）、村（27枚）、城（8枚）等。
- 有稗名簡：稗（13枚）、稗石（15枚）、稗一（1枚）等。

　　木簡雖然有出土位置，但大部分都不是在遺址的特定部分出土的，而是在低濕地出土的。由于沉積關係不明顯，所以事實上幾乎不可能根據出土位置進行區分。

1　《韓國的古代木簡》（2004）的圖錄中收錄了116枚，在之後木簡整理過程中又追加確認了6枚木簡，雖然都是零碎的木片，但是可以確認上面有墨文。

咸安城山山城早期蓄水池（木簡集中出土地）

咸安城山山城蓄水池出土木簡（1992 年，1994 年出土）

咸安城山山城最晚期蓄水池

咸安城山山城蓄水池出土木簡（2002 年，2003 年出土）

• 咸安城山山城木簡的功能

到目前爲止，通過咸安城山山城出土的99枚墨文木簡（包括追加的）的紅外綫攝像結果，確認了400字以上的墨文。墨文内容中的地名、人名、新羅官階名，以及其他已被確認的内容，都是可以期待能够爲韓國古代史研究提供重要綫索的歷史記録。

雖然有將城山山城木簡的一部分看成是名籍的見解，但這些木簡大部分可以歸類爲相當于貢物標籤的荷札木簡。

• 木簡中的地名和人名

荷札的特性在于與物品一起移動。用繩子等繫在或插在裝有物品的木箱、袋子或是捆綁穀物的稻草繩上跟着物品移動，基本上在物品到達終點後才結束使命。因此，只要追蹤荷札上記録的地名，就可以知道同行的物品來自何處。

甘文城在慶北金泉市開寧面，下幾在慶北安東市豐山，本波是慶北星州郡星州，及伐城是慶北榮州。仇利伐是忠北沃川或是慶北義城一帶，鄒文見于新羅赤城碑，是竹嶺以南的慶北北部地區。古阤是慶北安東地區。這些地方都可見于《三國史記·地理誌》，屬于新羅尚州地區的範圍内。

咸安城山山城的荷札木簡上記載的地名是今榮州、安東、禮泉、開寧、星州地區，共同特點是都位于洛東江水系上。在這些地區利用洛東江水路可以直接到達咸安。因此，新羅最大程度地利用了這些地區和咸安之間的水運，不僅在這些地區征發了修築城山山城或勞役所需的勞動力，據推測，這些地區還同時承擔了穀物、馬料、其他物資的運輸。歸根到底，新羅最大程度地利用洛東江這個高速流通網，攻占並統治、管理了伽倻，咸安可以説是其戰略據點。

　　在城山山城木簡的墨文内容中，除了官階名、穀物名、地名以外，占比最大的就是人名。波婁、居利支、伊竹伊、巴兮支、仇仍支以及在第一次報告書以後追加確認的阿那休智、阿那舌只、内恩知、居助支、仇禮支等人名中，以"智""知""只""支"結尾的人名有24例，這反映了新羅人起名的一個特點。

　　另外，還值得注意的是發現了寫有表示身份的奴人、奴、乃人（負），以及稗石、稗、稗一、稗麥的木簡，出土了用同一筆跡書寫同一内容的4枚木簡，以及發現了同名的城和村。

● 咸安城山山城木簡的字體

　　木簡作爲手寫記錄，可以通過觀察書寫者的運筆和用筆來了解當時日常生活中的書寫文化。在書寫形式上，像"仇利伐"這樣比較大的地區要寫得比較大，像"上彡者村"這樣小的地區及人名、官階名等則要用小字寫兩行。將重要内容寫的很大的標記方法可以看成是一種書寫格式。文章的形式是韓語的語序。

　　"巴""尸""彡"的使用反映了當時人用語的借字標記法。

　　字體上雖然也有使用隸書、八分的筆畫及草書的情況，但一般都使用楷書和行書。如果説《丹陽赤城碑》的字體是有意寫成的話，那麼咸安城山山城出土木簡則可以看成是毫無修飾的反映日常生活中書寫文化的資料。按照字體的類型可以分爲以下幾個例子。

　　可以確認的幾點有：帶有很多高句麗書法特征的字體；帶有在新羅金石文中常見的書法特征的文字；草書的筆法；楷書的筆法。

　　新羅6世紀中葉的書法多借鑒高句麗。咸安城山山城木簡的字體與當時新羅金石文的字體相比，也有很多類似的筆法。雖然也有草書或隸書，但當時已經將楷書與行書大量用于日常生活。這種筆法在7世紀中期接受唐朝的書寫文化以後，只偶爾出現在地方，在中央則完全消失。

• 城山山城木簡的材質（樹種）

對咸安城山山城出土的 65 件木簡進行分析後共識別出 6 種木材。最多的是松木，有 53 枚；柳樹類有 4 枚；冷杉和栗子樹各有 3 枚；化香樹和櫸樹類各有 1 枚。

也就是説，與容易加工的松樹或冷杉這樣的針葉樹材料及柳樹類相反，不易加工且非常珍貴的栗子樹、化香樹和櫸樹類等木材也被用作木簡的材料，可以説這是一個有趣的發現。

因此，我們不得不考慮在選擇木簡的木材時，是單純地選擇周邊地區的木材作爲木簡的原材料，還是根據木簡主人身份的高低或内容的重要與否來選擇不同的木材。

• 城山山城木簡的年代

從咸安城山山城木簡可見 "上干支" "一伐" "一尺" 等新羅外位名，出現的人名也與石碑等金石文中所見新羅人名的標記法相同，據城山山城的發掘結果可知使用的是新羅的築城技法等幾點來看，城山山城木簡爲新羅時期的木簡是不言而喻的。關于這些木簡的具體年代，有早一點的在 551 年之前，也有以 561 年爲上限的 6 世紀 60 年代即 6 世紀中葉，以及在 584 年新羅設置調府以後等幾種看法，不過各種看法都認可是在 6 世紀。

《日本書紀》中有 561 年新羅在安羅的波斯山築城的記録。細看《日本書紀》中有關安羅的記事可以大體知道安羅是在 555 年到 561 年之間滅亡的。[1] 因此，這一時期將成爲上限。如果更進一步將波斯山看成是城山山城的話，那麼 561 年本身就是上限。

---

1 李鎔賢：《咸安城山山城出土木簡與 6 世紀新羅的地方經營》，《東垣學術論文集》第 5 輯，2002 年。

接下來干支的標記法也很重要。有一枚木簡上寫有"上干支"這一外位名。考察中古時期新羅的金石文可以得知省略"上干支"的"支"字，略寫爲"上干"的標記方法大致是在 545 年至 561 年之間。[1]

也就是説，6 世紀中葉或是更具體的 561 年前後不太遠的時期成爲城山山城木簡的斷代年代。這與寫在荷札上的地名大致在 5 世紀後期到 6 世紀前期歸屬新羅並成爲其一部分也有着密切的關係。

• 參考事項

咸安城山山城發掘調查期間，對東門遺址附近的蓄水池出土的木材進行了 7 次放射性碳年代測定。爲了有助于推測木簡的年代，特將測定結果公布如下。

出土地	樣品種類（編號）	C^{14}測年（BP 年）	校準年份	備注
淤泥層	木炭（KCP 44）	1650±60BP	公元250—540年	國立文化財研究所保存科學研究室
淤泥層	木炭（KCP 158）	1510±50BP	公元440—640年	國立文化財研究所保存科學研究室
淤泥層（地表下150釐米）	種子（KCP 471）	1020±50BP	公元900—1160年	國立文化財研究所保存科學研究室
淤泥層（地表下150釐米）	木柱（KCP 491）	1600±50BP	公元390—590年	國立文化財研究所保存科學研究室
淤泥層	木柱（KCP 492）	1600±50BP	公元380—600年	國立文化財研究所保存科學研究室
淤泥層	沉積物（SNU00-391）	1560±40BP		首爾大學基礎科學共同器械院
淤泥層	沉積物（SNU00-392）	1850±40BP		首爾大學基礎科學共同器械院

---

1 李成市：《從城山山城新羅木簡可以知道些什麼？》，《月刊誌》2000 年第 11 卷第 9 期。

• 城山山城木簡性質再考

雖然有將城山山城木簡的一部分看成是名籍[1]的見解，但主要還是將其分類爲充當貢品標籤牌的荷札木簡。荷札木簡在製作時爲了方便用繩子縛繫在物品上，在木簡的上端或下端的左、右挖出 V 字形契口或是在木簡上端打孔。

但是，考慮到咸安城山山城木簡大部分帶有名籍的特征，需要再重新考察判斷的根據。

咸安城山山城木簡上記錄的內容大致可以分爲以下幾類：

（1）地名＋人名

（2）地名＋人名＋官階（一伐、一尺）

（3）地名＋人名＋稗石類（稗石、稗、稗一）

（4）人名＋奴（人）；人名＋乃人（負）

這裏的“一伐”是新羅外位官位的第八等，“一尺”是新羅外位官位的第九等。這樣，隨着記載新羅官階名的新羅木簡在被推測爲古代阿羅伽倻的戰略要地咸安城山山城出土，山城可以看作是在 6 世紀政局變化以後由新羅建造的邊防山城。

如果將大部分咸安城山山城出土木簡定義爲荷札木簡，那麼爲什麼很多木簡上沒有記載要上貢物品的數量呢？稗和大麥（？）以外的其他上貢物品必須在被指定且公布上貢數量以後才有可能不在木簡上記載具體數量。而且如果是荷札木簡的話爲什麼要兩面記載？

雖然（1）、（2）、（3）的情況可以根據木簡記載樣式進行分類，但最近關註的幾枚木簡的記錄格式與（4）相同，這就爲之前的名籍（身份證）

---

1 朱甫暾：《咸安城山山城出土木簡的基礎檢討》，《金石文與新羅史》，知識產業社，2002 年。

說提供了有力的證據。也就是说，記載着奴、奴人、乃人（負）等詞語的木簡都是值得註意的格式。

儘管已經提及過奴人，但"乃人（負）"却是有必要重新考察的重要詞語。

那麼，我們來看一下有關奴人的幾種定義。趙法鍾認爲"奴"的文字意義可以從其原意戰爭俘虜入手，進一步理解爲包括罪人及罪人家屬的意義。[1]

李榮薰提出了在三國時代"奴"等于"臣"的見解。[2]他認爲三國時代的"奴"代表着政治上的一種主從關係，與後世反映卑賤身份的奴婢製中的"奴"字有着不同的歷史意義。"奴"是從各個階層中存在的多樣化的主從關係逐漸演變成下級從者的代稱。也就是说，三國時期"奴"字被用作"臣"的同義詞揭示了當時的君臣關係與個人的主奴關係尚未分離的社會形態。《花郎世記》中出現的"奴"和"婢"的用例就表現出同樣的主從關係意義，所以不可能是一般"奴婢"概念已經固化的20世紀時期的作品，這也成爲《花郎世記》至少是7世紀時期創作真本論的根據。

朱甫暾認爲奴人不是個別的人身奴隸，而是指在維持現有共同體支配秩序的國家中承擔一定徭役的集體隸屬民[3]。也就是说，被稱爲奴人的原因也是在于作爲集體的隸屬民承擔了國家的徭役。因此，可以看作是國家爲了能從整體上支配這些新編入領土的邊境民而讓他們承擔徭役。正如《蔚珍鳳坪碑》碑文中看到的那樣，這些邊境民就是相對于六部人而言的處于新羅統治下的地方居民。在當時，村被新羅編入支配體系當中，

---

1 趙法鍾：《韓國古代社會的奴婢研究——以起源和存在形態爲中心》，高麗大學，碩士學位論文，1986 年。

2 李榮薰：《〈花郎世記〉中的奴與婢——再論三國時代的身份製》，《歷史學報》总第 176 辑，2002 年。

3 朱甫暾：《蔚珍鳳坪碑與法興王時代的律令》，《韓國古代史研究——蔚珍鳳坪新羅碑特集》第 2 集，韓國古代史研究會，1989 年。

按照國家製定的奴人法統治地方居民。

金在弘雖然認爲可以將咸安城山山城中的奴人看成地方民、集團
隸屬民等，但更多是用來指負責承擔户調中上繳穀物的那一部分地方民
衆[1]。也就是説，咸安城山山城木簡中出現的稗類詞語中的奴人指的是一
個群體而不是地方民個人，而比起隸屬民更多的是指以村爲單位徵收户
調時那些編入新羅統治體製承擔穀物上貢的地方民。

從以上考察來看，奴人絶不是現代概念中的個人奴婢，雖然也可以
看成集團隸屬民的統稱，但李榮薫則認爲應當指下級從者。

僅在《蔚珍鳳坪碑》中確認的"奴人"一詞爲什麼出現頻率如此之高？
是不是因爲"奴人"一詞在當時是指代某種身份的詞語，所以才在同一
遺址出土的木簡中多次出現。

在咸安城山山城出土木簡中確認的"奴"和"奴人"，與其説是集
團隸屬民，不如説是指代個人身份（即"下級從者"）。

咸安城山山城出土木簡中除"奴"和"奴人"以外，還出現了有必
要考察的"乃人（負）"一詞。

咸安城山山城出土木簡中有一些没有寫"奴人"而祇寫了"奴"的
情形，這是必須要比較的詞語。人名後加"奴"字，之後連接的文章中
又有人名後加"乃人（負）"使用的情形，這些單詞不知道是不是用來
指稱官等或身份的用語。

首先，如36號木簡"只即智奴于口支［乃人（負）］"、37號木簡
"内只次奴須礼支［乃人（負）］"、38號木簡"比夕須奴尒先（利）支
乃人（負）"中的"奴"與"乃人（負）"就形成了對比。

也就是説，"只即智""内只次""比夕須"是"奴"，"于口支""須
礼支""尒先（利）支"是"乃人（負）"，他們在對比的概念中，可
以劃分爲"奴"和"乃人（負）"兩種身份。

---

1 金在弘：《新羅中古期村製的成立與地方社會構造》，首爾大學，博士學位論文，2001年。

另外，還發現"乃人（負）"前面的文字恰巧都是人名，都是由"支"字結尾的人名。雖然"乃人（負）"的詞語解釋並不明確，但是從比較的概念來看應當劃分爲表示身份的詞語。

更進一步從 35 號木簡"内恩知奴人居助支乃人（負）"中不寫"奴"而寫作"奴人"來看，可以推測木簡的構成爲人名加"奴人"和人名加"乃人（負）"。"内恩知奴人"可以解讀爲"叫内恩知（人名）的奴人"。奴人應該像前文提到的一樣看成是地方民的統稱？還是應該像李榮薰指出的那樣看成是下級從者的一種表現形式？因爲在分析後一段文句中叫作"居助支"（人名）的"乃人（負）"時也要區分是應該解釋爲奴人還是一種身份的代稱。

叫作"内恩知"的奴人和"居助支"的乃人（負）被完整地記載在一枚木簡上。那麽"乃人（負）"也是像奴人一樣使用的詞語嗎？還是"居助支"承擔的意思？

難道像李鎔賢[1]的見解一樣看成是産出單位，指的是暫定貨物的數量？如是，這是什麽上貢數量呢？顯然在 35 號木簡中應有相對應的表述内容。

咸安城山山城出土木簡中記載"乃人（負）"的木簡約有 10 枚。（木簡圖録編號 2、5、6、33、35、36、37、38、57 號，17 號爲推測）

"乃人（負）"究竟是什麽意思？何種性質的木簡才能讓這個詞語頻繁出現？是築城征用的勞動力？他們是否承擔兵役？又是否運送穀物？

難道是指新羅化過程中收編的那些屬于戰俘的人嗎？也就是說，在進軍咸安阿羅伽倻的過程中，成爲戰爭俘虜的他們在咸安合並後，被強製動員到咸安城山山城的築城勞作中，以此來展現新羅的強大。

1　李鎔賢：《咸安城山山城出土木簡》，《韓國的古代木簡》，昌原：國立昌原文化財研究所，2004 年。

　　"仇利伐"木簡可以分爲一行字（5 號）和兩行字（1、3、4、33、34、36 號）兩種。另外，"仇利伐"木簡又分爲無村名（4、5、36 號）和有村名（1、3、33 號）兩種。根據 5 號木簡上的"仇利伐"下面没有村名推測其指代本邑。此處還記載着稱作"一伐"的外位官階，其下則記載着"奴人"（推測爲人名）。4 號木簡記載了兩個人名和"一伐"，36 號木簡則記載了"奴"和"乃人（負）"。

　　剩下的"仇利伐"木簡上有"仇利伐"下面的"上彡者村""琴谷村"等村名，可以看出是指下部所轄的城村。至于"仇利伐"，朴鍾益曾經指出此地區位于咸安附近的咸安代山面。[1]

　　目前很難準確區分"乃人（負）"到底是"乃人"還是"負"。

　　雖然不能與以上木簡進行比較，但可以明顯看出 6 號木簡上寫的是"乃人"，而 57 號木簡上寫的是"負"。

　　可以判斷爲"乃人"的還有 33 號和 35 號木簡，可以判斷爲"負"的有 36 號、37 號、38 號木簡。並且 2 號木簡據推測也可能是"負"。

　　與究竟是"乃人"還是"負"無關，"乃人（負）"這一詞語在對比的概念中可以看作是與"奴"和"奴人"相對應的身份代稱。

　　這樣看來，不得不考慮城山山城木簡是否具有當時社會中包含人名甚至是身份的名籍性質呢？

　　只有 6 號木簡的意思要區分開另作研究。

　　而 17 號木簡的情況應該也可以推測爲"乃人（負）"。

　　在所有木簡中，那些没有寫上"乃人（負）""一伐""一尺"等官階或是身份別稱的情形該如何理解呢？另外，寫有"人"字的"奴人"和"奴"又有什麽區別？

　　從對比的概念中類推咸安城山山城出土木簡上的"奴"和"乃人（負）"的話，整個木簡的性質可以看作是名籍。

---

1 朴鍾益：《咸安城山山城出土木簡性質的檢討》，《韓國考古學報》總第 48 期，2002 年。

❖ 4. **一面墨文木簡** 咸安 城山山城 三國時代

Wooden Strip with Inscription on One-side

長 (L.) 22.8 釐米　寬 (B.) 3.3 〜 3.8 釐米　厚 (T.) 0.6 〜 0.9 釐米　松木

仇利伐

仇阤尒一伐

尒利 □ 一伐

❖ 5. **一面墨文木簡** 咸安 城山山城 三國時代
Wooden Strip with Inscription on One-side
現長 (Present L.) 20.3 釐米　寬 (B.) 3.1 釐米
厚 (T.) 0.6 釐米　松木

❖ 6. **一面墨文木簡** 咸安 城山山城 三國時代
Wooden Strip with Inscription on One-side
長 (L.) 20.0 釐米　寬 (B.) 2.8 釐米
厚 (T.) 0.6 釐米　松木 (?)

仇利伐 □ 德知一伐奴人 □[1]

王松鳥多伊伐支 □[2] （乃人 [3]） 支

---

1 或可讀爲"鹽"。
2 未能釋讀的字。
3 可讀爲"乃人"或"負"。

❖ **7. 一面墨文木簡** 咸安 城山山城 三國時代
Wooden Strip with Inscription on One-side
長 (L.) 20.5 釐米　寬 (B.) 2.8 釐米
厚 (T.) 0.4 釐米　松木

❖ **8. 一面墨文木簡** 咸安 城山山城 三國時代
Wooden Strip with Inscription on One-side
長 (L.) 20.8 釐米　寬 (B.) 2.8 釐米
厚 (T.) 0.7 釐米　松木

仇伐干好 □ 村卑部稗石

及伐城（秀[1]）刀[2]巴稗

---

1 有其他釋讀意見。

2 或可讀爲"乃"字。

❖ 9. **一面墨文木簡** 咸安 城山山城 三國時代
Wooden Strip with Inscription on One-side
長 (L.) 18.6 釐米　寬 (B.) 2.5 釐米
厚 (T.) 0.8 釐米　松木

❖ 10. **一面墨文木簡** 咸安 城山山城 三國時代
Wooden Strip with Inscription on One-side
長 (L.) 22.7 釐米　寬 (B.) 2.6 釐米
厚 (T.) 0.5 釐米　栗木

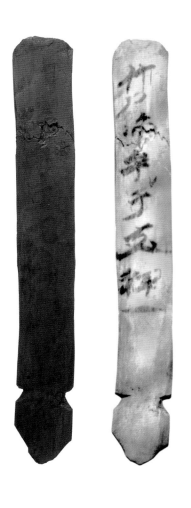

竹尸 ☐ 乎 ^{v1} 于 ^{2} 支稗一

甘文本波 ☐ 村旦 (利) 村伊竹伊

---

1 v 用在前後字順序顛倒的時候 。
2 或可讀爲 "于" 字 。

❖ 11. **一面墨文木簡** 咸安 城山山城 三國時代
Wooden Strip with Inscription on One-side
長 (L.) 17.7 釐米　寬 (B.) 1.7 釐米
厚 (T.) 0.5 釐米　松木

❖ 12. **一面墨文木簡** 咸安 城山山城 三國時代
Wooden Strip with Inscription on One-side
長 (L.) 17.5 釐米　寬 (B.) 1.6 釐米
厚 (T.) 0.5 釐米　松木

鳥欣彌村卜兮稗石

上（吟[1]）乃村居利支稗

---

1 或可讀爲"谷"字。

❖ **13. 一面墨文木簡** 咸安 城山山城 三國時代
Wooden Strip with Inscription on One-side
長 (L.) 15.9 釐米　寬 (B.) 2.2 釐米
厚 (T.) 0.7 釐米　松木

❖ **14. 一面墨文木簡** 咸安 城山山城 三國時代
Wooden Strip with Inscription on One-side
長 (L.) 16.0 釐米　寬 (B.) 2.5 釐米
厚 (T.) 0.4 ～ 1.0 釐米　松木

陳城巴兮支稗

大村伊息智[1] 一伐

---

1 或可讀釋爲 "知" 字。

❖ 15. **一面墨文木簡** 咸安 城山山城 三國時代
Wooden Strip with Inscription on One-side
現長 (Present L.) 15.9 釐米　寬 (B.) 1.8 釐米
厚 (T.) 0.4 ～ 0.9 釐米　松木

❖ 16. **一面墨文木簡** 咸安 城山山城 三國時代
Wooden Strip with Inscription on One-side
長 (L.) 17.9 釐米　寬 (B.) 1.9 釐米
厚 (T.) 0.3 釐米　松木

……家村 □□□

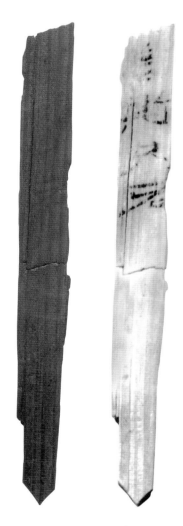

……言斯只元[1]

---

1 或可釋讀爲"一石"二字。

❖ 17. **一面墨文木簡** 咸安 城山山城 三國時代
Wooden Strip with Inscription on One-side
現長 (Present L.) 16.7 釐米　寬 (B.) 3.4 釐米
厚 (T.) 0.5 釐米　松木

❖ 18. **一面墨文木簡** 咸安 城山山城 三國時代
Wooden Strip with Inscription on One-side
長 (L.) 21.1 釐米　寬 (B.) 2.5 釐米
厚 (T.) 0.9 釐米　松木

……前谷村 阿足只 □

□□□ 分只 □□□

❖ 19. **一面墨文木簡** 咸安 城山山城 三國時代
Wooden Strip with Inscription on One-side
現長 (Present L.) 16.0 釐米　寬 (B.) 3.3 釐米
厚 (T.) 0.6 釐米　松木

❖ 20. **一面墨文木簡** 咸安 城山山城 三國時代
Wooden Strip with Inscription on One-side
現長 (Present L.) 12.6 釐米　寬 (B.) 2.2 釐米
厚 (T.) 0.5 釐米　松木

（正面）[1] 古（阤 [2]）□ 骨 [3]（利）村 □

□□□

（背面）仇仍支稗（姜 [4]）

---

1 原書正面、背面文字顛倒，譯者更正。

2 也有可能是 "阤" 字。

3 也有可能是 "骨" 字。

4 也有可能是 "麥" 字。

❖ **21. 二面墨文木簡** 咸安 城山山城 三國時代
Wooden Strip with Inscription on Two-side
現長 (Present L.) 12.7 釐米　寬 (B.) 2.6 釐米
厚 (T.) 0.5 釐米　松木

❖ **22. 一面墨文木簡** 咸安 城山山城 三國時代
Wooden Strip with Inscription on One-side
現長 (Present L.) 10.4 釐米　寬 (B.) 2.0 釐米
厚 (T.) 0.4 釐米　松木

（正面）屈仇 □ 村（完）□

夷 □ 支 □ 刑尒利 □

（背面）稗石

❖ **23. 一面墨文木簡** 咸安 城山山城 三國時代
Wooden Strip with Inscription on One-side
現長 (Present L.) 8.0 釐米　寬 (B.) 2.5 釐米
厚 (T.) 0.5 釐米　松木

❖ **24. 一面墨文木簡** 咸安 城山山城 三國時代
Wooden Strip with Inscription on One-side
現長 (Present L.) 11.7 釐米　寬 (B.) 3.6 釐米
厚 (T.) 0.5 釐米　松木

……爐上干支

…… （村）尒□利

❖ 28*. **二面墨文木簡** 咸安 城山山城 三國時代

Wooden Strip with Inscription on Two-side

長 (L.) 24.0 釐米　寬 (B.) 2.5 釐米　厚 (T.) 0.7 釐米　松木

（正面）古阤伊骨利村阿那衆智卜利古支　　　　　（背面）稗（麥 [1]）

---

* 本書由 2004 年出版的《韓國的古代木簡》修訂而來，在修訂過程中，本書刪去了一些沒有墨痕或
　殘片木簡，但爲避免木簡編號混淆，本書繼續使用了原來的編號。

1 或可釋讀爲 "發" 字。

46

❖ 35. **一面墨文木簡** 咸安　城山山城　三國時代

Wooden Strip with Inscription on One-side

長 (L.) 27.6 釐米　寬 (B.) 3.3 釐米　厚 (T.) 0.6 釐米　松木

内恩知　奴人　居助支　乃人　（負）[1]

---

1 "負"或可釋作"乃人"，與"奴人"的"人"字寫法相同。

❖ **36. 一面墨文木簡** 咸安 城山山城 三國時代
Wooden Strip with Inscription on One-side
長 (L.) 29.6 釐米 寬 (B.) 3.8 釐米 厚 (T.) 0.7 釐米 松木

（仇利伐[1]） 只卽智奴[2] 于 □ 支（負[3]）

---

1 可以看成是"仇利伐"。

2 奴後面没有人字。

3 比起"乃人","負"的可能性更高。

❖ **37. 一面墨文木簡** 咸安 城山山城 三國時代

Wooden Strip with Inscription on One-side

現長 (Present L.) 24.4 釐米　寬 (B.) 3.5 釐米　厚 (T.) 0.8 釐米　松木

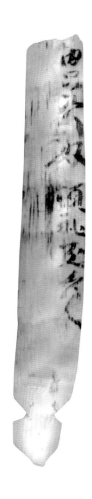

内只次奴[1] 須乤支（負[2]）

---

1 奴後面没有人字。

2 比起"乃人"，"負"的可能性更高。

❖ 38. **一面墨文木簡** 咸安 城山山城 三國時代
Wooden Strip with Inscription on One-side
現長 (Present L.) 26.7 釐米　寬 (B.) 4.7 釐米　厚 (T.) 0.7 釐米　松木

比夕須奴 [1] 尒先 (利 [2]) 支 (負 [3])

---

1 奴字後面沒有人字。

2 也可能是"利"字。

3 比起"乃人","負"的可能性更高。

❖ 39. **一面墨文木簡** 咸安 城山山城 三國時代
Wooden Strip with Inscription on One-side
長（L.）17.2 釐米　寬（B.）2.4 釐米
厚（T.）0.5 釐米　松木

❖ 40. **一面墨文木簡** 咸安 城山山城 三國時代
Wooden Strip with Inscription on One-side
長（L.）19.3 釐米　寬（B.）2.1 釐米
厚（T.）1.0 釐米　松木

鄒文比尸河村尒利牟利

阿卜智村尒及（一[1]）

---

1 或可釋讀爲"一"字。

❖ **41. 一面墨文木簡** 咸安 城山山城 三國時代
Wooden Strip with Inscription on One-side
長 (L.) 16.2 釐米　寬 (B.) 2.1 釐米
厚 (T.) 0.5 釐米　松木

❖ **42. 一面墨文木簡** 咸安 城山山城 三國時代
Wooden Strip with Inscription on One-side
長 (L.) 18.1 釐米　寬 (B.) 2.6 釐米
厚 (T.) 0.7 釐米　松木

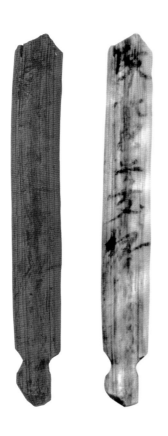

陳城邑兮支稗[1]

及伐城（主[2]）□ 稗石

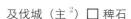

---

1 與 13 號木簡相同。
2 或可釋讀爲"主"。

❖ **43. 一面墨文木簡** 咸安 城山山城 三國時代
Wooden Strip with Inscription on One-side
長 (L.) 14.9 釐米　寬 (B.) 2.5 釐米
厚 (T.) 0.5 釐米　松木

❖ **44. 一面墨文木簡** 咸安 城山山城 三國時代
Wooden Strip with Inscription on One-side
長 (L.) 15.8 釐米　寬 (B.) 2.4 釐米
厚 (T.) 0.7 釐米　松木

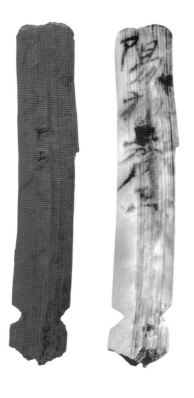

陽村 □ 尸只

上谷 □ 村居利支　稗

❖ 45. **一面墨文木簡** 咸安 城山山城 三國時代
Wooden Strip with Inscription on One-side
現長 (Present L.) 16.0 釐米　寬 (B.) 1.7 釐米
厚 (T.) 0.7 釐米　松木

❖ 46. **一面墨文木簡** 咸安 城山山城 三國時代
Wooden Strip with Inscription on One-side
長 (L.) 16.1 釐米　寬 (B.) 2.2 釐米
厚 (T.) 0.3 釐米　松木

……阿那休知稗

□□ 鄒波 □□ 支

❖ **47. 一面墨文木簡** 咸安 城山山城 三國時代
Wooden Strip with Inscription on One-side
現長 (Present L.) 14.9 釐米　寬 (B.) 1.6 釐米
厚 (T.) 0.6 釐米　松木

❖ **48. 一面墨文木簡** 咸安 城山山城 三國時代
Wooden Strip with Inscription on One-side
現長 (Present L.) 16.0 釐米　寬 (B.) 2.8 釐米
厚 (T.) 1.3 釐米　松木

可初智（南[1]）須麥石　　　　　　　　殂鑄十之[2]

---

1 或可釋讀爲"南"。
2 或可釋讀爲"六"字。

❖ **49. 一面墨文木簡** 咸安 城山山城 三國時代
Wooden Strip with Inscription on One-side
長 (L.) 19.6 釐米　寬 (B.) 2.9 釐米
厚 (T.) 0.8 釐米　松木

❖ **50. 一面墨文木簡** 咸安 城山山城 三國時代
Wooden Strip with Inscription on One-side
現長 (Present L.) 15.5 釐米　寬 (B.) 1.7 釐米
厚 (T.) 0.7 釐米　松木

墨字無法辨認　　　　　　　　　墨字無法辨認

❖ **59. 二面墨文木簡** 咸安 城山山城 三國時代
Wooden Strip with Inscription on Two-side
長 (L.) 13.2 釐米　寬 (B.) 2.4 釐米
厚 (T.) 0.9 釐米　松木

❖ **60. 一面墨文木簡** 咸安 城山山城 三國時代
Wooden Strip with Inscription on One-side
現長 (Present L.) 8.7 釐米　寬 (B.) 2.9 釐米
厚 (T.) 0.7 釐米　松木

（正面）……石蜜（ヨ）智私

（正面）……邑珎兮城下……

（背面）□ 利乃文㠭支　稗

（背面）……邑珎兮村……

❖ 61. **二面墨文木簡** 咸安 城山山城 三國時代

Wooden Strip with Inscription on Two-side
現長 (Present L.) 9.5 釐米　寬 (B.) 2.7 釐米
厚 (T.) 0.3 釐米　松木

❖ 62. **二面墨文木簡** 咸安 城山山城 三國時代

Wooden Strip with Inscription on Two-side
現長 (Present L.) 9.4 釐米　寬 (B.) 1.9 釐米
厚 (T.) 0.7 釐米　松木

（正面）（乃節¹）□□

（正面）……支村

（背面）□ 稗石

（背面）□（女²）稗石

---

1 或可釋讀爲“乃節”二字。
2 或可釋讀爲“女”字。

❖ **63. 二面墨文木簡** 咸安 城山山城 三國時代
Wooden Strip with Inscription on Two-side
現長 (Present L.) 12.6 釐米　寬 (B.) 1.5 釐米
厚 (T.) 0.4 釐米　柳木類

❖ **64. 二面墨文木簡** 咸安 城山山城 三國時代
Wooden Strip with Inscription on Two-side
長 (L.) 10.1 釐米　寬 (B.) 2.0 釐米
厚 (T.) 0.6 釐米　松木

（正面）□□□□□

（正面）□□ 支人 □

（背面）（鄒）（稗[1]）

（背面）□ 可[2]

1 或可釋讀爲"鄒"字或"稗"字。

2 或可釋讀爲"石"字。

❖ 65. **二面墨文木簡** 咸安 城山山城 三國時代
Wooden Strip with Inscription on Two-side
現長 (Present L.) 5.4 釐米　寬 (B.) 1.9 釐米
厚 (T.) 0.6 釐米　松木

❖ 66. **二面墨文木簡** 咸安 城山山城 三國時代
Wooden Strip with Inscription on Two-side
現長 (Present L.) 6.8 釐米　寬 (B.) 1.9 釐米
厚 (T.) 0.6 釐米　松木

（正面）□□□□　　　　　　　　（正面）……□□□□

（背面）□ 廿六 [1] 尒 □　　　　（背面）□□

---

1 或可釋讀爲"甘文"二字。

❖ 83. **一面墨文木簡** 咸安 城山山城 三國時代
Wooden Strip with Inscription on One-side
現長 (Present L.) 8.9 釐米　寬 (B.) 2.9 釐米
厚 (T.) 0.9 釐米　松木

❖ 84. **一面墨文木簡** 咸安 城山山城 三國時代
Wooden Strip with Inscription on One-side
現長 (Present L.) 12.7 釐米　寬 (B.) 3.5 釐米
厚 (T.) 0.9 釐米　松木

❖ 85. **一面墨文木簡** 咸安 城山山城 三國時代
Wooden Strip with Inscription on One-side
現長 (Present L.) 10.7 釐米　寬 (B.) 2.2 釐米
厚 (T.) 0.5 釐米　松木

❖ 86. **一面墨文木簡** 咸安 城山山城 三國時代
Wooden Strip with Inscription on One-side
現長 (Present L.) 11.5 釐米　寬 (B.) 2.2 釐米
厚 (T.) 0.8 釐米　松木

……蒜尸子

□□……

伊失兮村……

……□ 鄒加 □□ 石

❖ 88. **一面墨文木簡** 咸安 城山山城 三國時代
Wooden Strip with Inscription on One-side
現長 (Present L.) 9.3 釐米 寬 (B.) 1.7 釐米
厚 (T.) 0.4 釐米 柳木類

❖ 89. **一面墨文木簡** 咸安 城山山城 三國時代
Wooden Strip with Inscription on One-side
現長 (Present L.) 5.5 釐米 寬 (B.) 1.9 釐米
厚 (T.) 0.5 釐米 松木

❖ 90. **一面墨文木簡** 咸安 城山山城 三國時代
Wooden Strip with Inscription on One-side
現長 (Present L.) 7.1 釐米 寬 (B.) 2.4 釐米
厚 (T.) 0.4 釐米 松木

……支利沙……

□□□□ 支 □……

……鄒尺 □

❖ 92. **一面墨文木簡** 咸安 城山山城 三國時代
Wooden Strip with Inscription on One-side
現長 (Present L.) 11.0 釐米　寬 (B.) 3.1 釐米
厚 (T.) 0.7 釐米　松木

❖ 95. **一面墨文木簡** 咸安 城山山城 三國時代
Wooden Strip with Inscription on One-side
現長 (Present L.) 4.6 釐米　寬 (B.) 1.7 釐米
厚 (T.) 0.7 釐米

墨字無法辨認

……□□ 支

木簡編號 ＼ 解讀人	報告書 (參考文獻6)	金在弘 (參考文獻25)	金昌鎬 (參考文獻27)	朴鍾益 (參考文獻30)	謝桂華 (參考文獻34)	尹善泰 (參考文獻37)	李成市 (參考文獻44)	李鎔賢 (參考文獻47)	全德在 (參考文獻50)	朱甫暾 (參考文獻55)	平川南 (參考文獻57)
1	正面 仇利伐上彡者村 ／ 背面 乞利	正面 仇利伐上彡者村 ／ 背面 乞利	正面 仇利伐上彡者村 ／ 背面 乞利	正面 仇利伐上彡者村 ／ 背面 乞利	正面 仇利伐上彡者村 ／ 背面 乞利	正面 仇利伐上彡者村 ／ 背面 乞利	正面 仇利伐上彡者村 ／ 背面 『乞利』	正面 仇利伐上彡者村 ／ 背面 『乞利』		正面 仇利伐上彡者村 ／ 背面 乞利	正面 仇利伐上彡者村 ／ 背面 乞利
2	正面 甘文城下幾甘文本波王(稗) ／ 背面 □村利(兮)□	正面 甘文城下幾甘文本波王 ／ 背面 □村利(兮)□	正面 甘文城下幾甘文本波王□ ／ 背面 本△村利安△	正面 甘文城下幾甘文本波王(稗) ／ 背面 □村利兮	正面 甘文城下幾甘文本波王 ／ 背面 上□村利兮足	正面 甘文城下幾甘文本波王 ／ 背面 □村利□兮□	正面 甘文城下幾甘文本波□ ／ 背面 □村利□兮□	正面 甘文城下幾甘文本波□ ／ 背面 村利兮		正面 甘文城下幾甘文本波王 ／ 背面 △△村知(?)利兮△	正面 甘文城下幾甘文本波□ ／ 背面 □村利兮□
3	仇利伐 上彡者村 波婁	仇利伐 上彡者村 波婁	仇利伐 上彡者村 波婁	仇利伐 上彡者村 波婁	仇利伐 上彡者村 波婁	仇利伐 上彡者村 波婁	仇利伐 上彡者村 『波婁』	仇利伐 上彡者村 『波婁』		仇利伐 上彡者村 波婁	仇利伐 上彡者村 波婁
4	仇利伐 尒利□尒□□ ／ 仇阤一伐	仇利伐 尒利□尒 ／ 仇阤利□一伐	仇利伐 尒利△尒一(伐) ／ 仇阤利□一伐	仇利伐 尒利□ ／ 仇阤尒一伐	仇利伐 尒利□ ／ 仇弛尒一伐	仇利伐 尒利□ ／ 仇阤利一伐	仇利伐 爾利只 ／ □阤□一伐	仇利伐 尒利□ ／ □阤一伐		仇利伐 尒△尒△一伐 ／ 仇阤△一伐	仇利伐 尒利只支一伐 ／ □阤□□一伐

解讀人＼木簡編號	報告書(參考文獻6) 正面	背面	金在弘(參考文獻25) 正面	背面	金昌鎬(參考文獻27) 正面	背面	朴鍾益(參考文獻30) 正面	背面	謝桂華(參考文獻34) 正面	背面	尹善泰(參考文獻37) 正面	背面	李成市(參考文獻44) 正面	背面	李鎔賢(參考文獻47) 正面	背面	全德在(參考文獻50) 正面	背面	朱甫暾(參考文獻55) 正面	背面	平川南(參考文獻57) 正面	背面
21	屈仇□村(完)□	稗石	屈仇□村□	稗石	屈伐△村△△	裨石	屈仇□村(完)□	稗石	屈仇□村□	稗石	屈仇鷽村完□	稗石	屈仇□村□	稗石	屈仇□村□	稗石	屈仇□村□	稗石	屈仇伋(?)兄(?)△△△	裨石	屈仇□□(村)□(完)□	稗一石
22	夷□(支)□刑尒利□		夷□□□形尒利□		△ㄥ死△刑尒利知		夷□(支)□刑尒利(和)		夷計(斗)支□□尒利知		夷み□刑尒利□		夷財支□那爾利知		夷伐支□那尒利知				△△支沙(?)刑尒利△		夷□(財)支□那尔利知□	
23	⋮爐上干支		知上干支		炉上十走		⋮爐上干支		[知]上干支		知上干支		知上干支		□知上干支				知上干支		知上干支	
24	⋮村尒□利		村尒□利		川尒△利		⋮村尒□利		□尒□利		村尒□利		村爾□利		梼尒□利				△尒△利		□(村)尒□(利)	

對于不能確定、只能推測的情況，報告書與朴鍾益用“（）”，李鎔賢用“〔〕”來標記。對于有歧義或不能解讀的情況，報告書、朴鍾益、尹善泰、李鎔賢、李成市、全德在用“□”來標記。對于異體字和追記的情況，李成市和李鎔賢用“『』”來標記。

木簡編號	28	29	30	31	32	33	34	35	36	37	38
內容	〔正面〕古陀伊骨利村阿那衆智卜利古支 〔背面〕稗發	〔正面〕古陀新村智利知一尺△村 〔背面〕豆兮利智稗石	〔正面〕夷(津)支阿那：豆支 〔背面〕稗	〔正面〕古陀一古利村末㇒ 〔背面〕毛眉次尸智稗石	〔正面〕上△刀㻁村 〔背面〕△加△乃△稗石	仇利伐 仇彤礼谷支村負	仇利伐上彡者村 波婁	内恩知 奴人居助奴人負	乃△△ 只(卽)智奴△△ 於△支△	内只次奴 須礼支△△	比夕須奴△支△△ 尒先△支△△

木簡編號	39	40	41	42	43	44	45	46	47	48	49
內容	鄒文比尸河村尒利牟利	阿卜智村尒礼及一	陳城巳兮支稗	及伐城△△稗石	陽村△尸只	上莫村居利支 稗一	△阿那休智稗	△△鄒波△△支	可初智△須麥石	殂鑄十之	：(石)：

木簡編號	50*	52	53	54	55	57	58	59	60	61	62
內容	△△△△△△	仇伐阿那舌只稗石	大村主舡主人	鄒文△△村△夲△	：	弘帝沒利負	利豆(村)	〔正面〕△利乃文芘支稗 〔背面〕△稗石	〔正面〕巳珎兮城下 〔背面〕巳蜜㻁智私	〔正面〕乃節它△ 〔背面〕△稗石	〔正面〕支村 〔背面〕△△稗石

* 序號原文如此，無 51、56、95，後文同。

木簡編號	63	64	65	66	67	68	69	70	71	72	73
內容	正面：△（那）（稗）△△／背面：鄒	正面：△伊伐支△／背面：△△△（稗）石△	正面：廿六尒△／背面：△	正面：△／背面：△	正面：加礼△／背面：刀珎△	居珎尺乙△	千竹利	千竹利	利次稗石	△一伐稗	伐稗石

木簡編號	74	75	76	77	78	79	80	81	82	83	84
內容	及伐城只智稗石	家△夫△	未知居兮	須伐夲波居△知	△村△△尒支	伊伐支△利△稗一	及伐城△△稗石	伊△△石	△支	△	蒜尸及

木簡編號	85	86	87	88	89	90	91	92	93	94	96
內容	伊失兮村	△鄒△△	△	△△△支△	兮利沙	鄒尺、	△	△△支	△△△	⋮	△

推測的字用"（）"，不能釋讀的字用"△"，不能確定字數但是有明顯墨痕的用"……"來標記。

2002年、2003年出土的城山山城木簡的文字內容由國立昌原文化財研究所委托的5名咨詢委員孫煥一（韓國精神文化研究院）、尹善泰（韓神大學）、尹在碩（慶北大學）、李鎔賢（國立中央博物館）、朱甫暾（慶北大學）歷經三次會議討論得出。文字內容除了上述所見以外，其他少數見解如下：

29號木簡正面釋文中的△可能是"助"或"那"。30號木簡釋文中的津也可能是"律"……則可能是"第曰信"。32號木簡正面釋文中的第二個字也可能是"書"，"塑"也可能是"徒"或"究"。33號木簡釋文中的"琴"也可能是"壁"。36號木簡釋文中的于"字後面的"△"可能是"終"，"卽"也可能是"印"。38號木簡釋文中的"△△"可能是"負"或"△尺"。42號木簡釋文中的第四個字也可能是"豆"，第五個字可能是"龍"或"永"，"石"也可能是"戶"。43號木簡釋文中的"尸"也可能是"砂"。44號木簡釋文中的"莫"也可能是"冥"或"谷乃"。47號木簡釋文中的"△"可能是"術"或"衡"。59號木簡正面釋文中的第一個字可能是"石"，第三個字可能是"問"。62號木簡釋文中的"△△"可能是"卑女"或"妻女"或"界大"。

另外，63號木簡釋文中的"（那）"後面的"△"可能是"力"或"癩"。65號木簡正面釋文中第一個字可能是"阿"或"居"。68號木簡釋文中的"△"可能是"支"或"田"。74號木簡中的"智"也可能是"知"。75號木簡釋文中的"家"的後面的"△"可能是"書"。77號木簡釋文中的"△"可能是"樹"。79號木簡釋文中的第六個字有可能是"徒"。80號木簡釋文中的第五個字有可能是"伊"或"利"。86號木簡釋文中的第一個"△"可能是"妻"。

河南二聖山城

　　二聖山城位于京畿道河南市春宮洞的二聖山（海拔 209.8 米），是三國時代的包谷式石築山城，三國時代作爲攻占漢江流域的橋頭堡，其地理價值備受重視。在有關二聖山城地緣學重要性的研究中，這一帶被推測爲百濟漢城時代的都邑地——河南慰禮城，或是温祚王的古城，或是百濟—近肖古王遷都的漢山。

　　據漢陽大學博物館最近的調查結果顯示，二聖山城的平面形態呈不規則形，周長 1925 米，内部面積約 47200 坪，共歷經兩次修建而成。

　　另外，分别在 A 區域的 1、2 號蓄水池和 C 區域的蓄水池發現的墨文木簡，是揭示二聖山城歷史特征的重要線索。

　　經確認，爲了防禦南側的溪谷而在地勢低窪的山城内部設置的 A 區域蓄水池是經過兩次修建而成的。第一次修建的蓄水池是和山城在同一時間修建的，面積約 1620 平方米，形狀呈橢圓形。在第三次發掘中，從第一次修建的蓄水池中發現了刻有"戊辰"干支的木簡。

　　第二次修建的蓄水池是在第一次修建的蓄水池被自然填埋後在其原址上重新修建的，因此有長方形的護岸石砌。第二次修建的蓄水池中也發現了木簡，但是均無法釋讀。推測蓄水池兩次修建的時間，第一次是在 6 世紀中葉，第二次是在 7 世紀後半期到 8 世紀初。

　　另外，C 區域的蓄水池位于山城的中央，東、西兩側有長方形的護岸石砌。在對 C 區域蓄水池進行全面調查的第八次發掘調查中，出土了記録着高句麗官職名"褥薩"的木簡和高句麗的尺子。

　　在第八次發掘（2000 年）中出土的 5—6 世紀前後的遺物和記録着"褥薩"的"辛卯"木簡，以及高句麗尺與第三次發掘中出土的記録着相當于高句麗城主意思的"道使"木簡一起被視爲當時二聖山城已經處于高句麗控製之下的證據資料而受到關注。

二聖山城 A 區域二期蓄水池　　　　　　二聖山城 C 區域蓄水池

二聖山城出土木簡

❖ 117. **四面墨文木簡** 河南 二聖山城 三國時代
　　　 Wooden Strip with Inscription on Four-side
　　　 現長 (Present L.) 35.0 釐米　寬 (B.) 1.1 ～ 1.2 釐米　厚 (T.) 0.9 ～ 1.0 釐米　松木

（第一面）　　　　　　　　　　　　　　　　（第二面）

（第三面）　　　　　　　　　　　　　　　　　　（第四面）

❖ 118. **三面墨文木簡** 河南 二聖山城 三國時代
   Wooden Strip with Inscription on Three-side
   現長 (Present L.) 15.0 釐米　寬 (B.) 1.3 釐米　厚 (T.) 0.9 釐米

（第一面）

（第二面）

（第三面）

❖ 119. **二面墨文木簡** 河南 二聖山城 三國時代
Wooden Strip with Inscription on Two-side
現長 (Present L.) 18.5 釐米　寬 (B.) 3.5 釐米

（正面）　　　　　　　　　　　（背面）

❖ 120. **二面墨文木簡** 河南 二聖山城 三國時代
　　　Wooden Strip with Inscription on Two-side
　　　現長 (Present L.) 17.7 糎米　寬 (B.) 3.0 糎米　厚 (T.) 0.7 糎米

（正面）　　　　　　　　　　　　　（背面）

❖ 121. **二面墨文木簡** 河南 二聖山城 三國時代
Wooden Strip with Inscription on Two-side
現長 (Present L.) 20.5 釐米　寬 (B.) 1.6 釐米

（正面）　　　　　　　　　　　　　　　　（背面）

❖ 123. **一面墨文木簡** 河南 二聖山城 三國時代

Wooden Strip with Inscription on Two-side

現長 (Present L.) 25.0 釐米　寬 (B.) 1.4 〜 2.7 釐米　厚 (T.) 0.5 〜 1.1 釐米

❖ **124. 一面墨文木簡** 河南 二聖山城 三國時代
Wooden Strip with Inscription on One-side
現長 (Present L.) 17.0 釐米　寬 (B.) 1.2 釐米
厚 (T.) 1.7 釐米

❖ **125. 一面墨文木簡** 河南 二聖山城 三國時代
Wooden Strip with Inscription on One-side
長 (L.) 7.1 釐米　寬 (B.) 1.5 釐米
厚 (T.) 0.2 釐米

❖ **126. 一面墨文木簡** 河南 二聖山城 三國時代
Wooden Strip with Inscription on One-side
現長 (Present L.) 8.2 釐米　寬 (B.) 1.6 釐米
厚 (T.) 0.3 釐米

❖ **127. 一面墨文木簡** 河南　二聖山城　三國時代
Wooden Strip with Inscription on One-side
現長 (Present L.) 5.9 釐米　寬 (B.) 1.7 釐米
厚 (T.) 1.2 釐米

❖ **128. 一面墨文木簡** 河南　二聖山城　三國時代
Wooden Strip with Inscription on One-side
長 (L.) 5.1 釐米　寬 (B.) 1.0 釐米
厚 (T.) 0.55 釐米

❖ **129. 一面墨文木簡** 河南　二聖山城　三國時代
Wooden Strip with Inscription on One-side
長 (L.) 3.8 釐米　寬 (B.) 1.2 釐米
厚 (T.) 0.45 釐米

木簡編號	報告書 (參考文獻 13、17)	金昌鎬 (參考文獻 28)	李道學 (參考文獻 41)	李成市 (參考文獻 44)
117	**第一面** 辛卯五月八日向三△北吳△△△前褥薩郭△△△六月九日 **第二面** △△△△密計△△(罰)百濟△△△△△九月八日△△△六月 **第三面** △△△大九△△△大九乃使△△ **第四面** △△△△前高△大九乃使△△			
118	**第一面** 戊辰年正月十二日朋南漢城道使…… **第二面** 須城道使村主前南漢城△△…… **第三面** △△蒲△△△△△△……	**第一面** 戊辰年正月十二日朋南漢城道△…… **第二面** 滇城道使村主前南漢城△△…… **第三面** △△蒲△……	**第一面** 戊辰年正月十二日朋南漢城道使 **第二面** 須城道使村主死則南漢城孤赤 **第三面** 城△滿△黃土△△△△△	**第一面** 戊辰年正月十二日朋南漢城道使 **第二面** 須城道使村主前南漢城城火□ **第三面** □□漢黃去□□□□□

解讀人 木簡編號	尹善泰*	國立慶州博物館 (參考文獻20)
119	品 世 内 藏　辛 　　三 莫 山 所 △	△ △ △ △ △　五 △　十 　　三

* 由漢陽大學博物館委托韓神大學尹善泰教授判讀的釋文。

金海鳳凰洞遺址

　　金海鳳凰洞遺址作爲韓國的 2 號歷史遺跡，是由 1920 年韓國考古學史上首次發掘的會峴里貝塚與西側相鄰的鳳凰臺遺跡合並而來，是可以考察 1-4 世紀朝鮮半島南部地區生活狀況的復合遺跡之一。貝塚中出土了所謂的金海式土器與各種鐵器、骨器等，以及中國王莽時代（公元 9—23 年）的貨幣“貨泉”，由此可以推斷當時此地與中國的貿易情況。另外，出土的韓國最早的炭化米在大米種植起源研究上也是很好的資料。

　　除此之外，在丘陵上還發現了甕棺墓、石棺墓、伽倻時代的居住地、高床家屋（干闌式建築）等，最近在鳳凰臺周邊除了貝塚、居住地外，疑似土城的遺跡也受到了關注。

　　木簡是在對位于鳳凰臺丘陵北端的鳳凰洞 408 號新建住宅用地的勘察過程中出土的。調查發現了居住地、豎穴、井、低濕地等，居住地中有火爐、暖炕設施、部分墙體，低濕地中有籬柵和人工砍削的樹枝。

　　出土的遺物主要以日常生活中使用的陶質土器和軟質陶器爲主，據推測爲金冠伽倻解體後的 6—8 世紀的遺址。

　　該遺址出土木簡的橫截面爲四邊形，四面共有 53—57 字左右的墨文。墨文内容是《論語》“公冶長第五”中的一部分句子，這是《論語》習書木簡在韓國首次出土，後來在仁川桂陽山城中也有出土。

金海鳳凰洞遺址全景

鳳凰洞遺址木簡出土地

❖ **147. 四面墨文木簡** 金海 鳳凰洞遺址 三國時代
　　Wooden Strip with Inscription on Four-side
　　現長 (Present L.) 20.9 釐米　寬 (B.) 1.9 釐米

　　　　（第一面）　　　　　　　　　　（第二面）

（第三面）

（第四面）

解讀人 木簡編號	橋本繁 (參考文獻58)				國立慶州博物館 (參考文獻20)			
	第一面	第二面	第三面	第四面	第一面	第二面	第三面	第四面
147	不欲人之加諸我吾亦欲无加諸人子	文也子謂子產有君子道四焉其	巳□□□色舊令尹之政必以告新	違之何如子曰清矣□仁□□曰未知	△△人之△者△△△△△人△	△△亲△△△△△		△△何知△△△△倡△△△

慶州月城垓子

　　月城是位于慶尚北道慶州市仁旺洞 449 號附近丘陵地帶的新羅時代的宮城（歷史文化遺產第 16 號）。由于其形似月亮狀，故被稱爲月城、新月城，又因是國王所處的地方也被稱爲 "在城"。

　　據《三國史記》記載，月城建于婆娑王二十二年（101），周長 1423步。這座城是新羅歷代國王居住並處理政事的正宮，文武王時期月城向北擴張，北側的雞林、瞻星臺、雁鴨池等周邊一帶都被編入宮域之内。

　　城郭規模爲東、西長 860 米，南、北寬 250 米，城墻全長約 1841 米，城内面積達 55000 餘坪，殘存的高 10-20 米的城墻主要是由夯實的土石構成，上部則用黏土處理。

　　國立慶州文化遺產研究所在 1980 年發掘了 9 個城門中的東門址，發現了正面一開間、側面兩開間的單層門樓和外郭的一部分垓子（護城河）。此後，1984 年製訂了月城大公園建設計劃，將月城周邊的歷史遺址整合在一起作爲歷史觀光資源加以利用。同時，開始對包括護城河在内的城墻外側進行大規模的發掘調查，並一直持續到今天。[1]

　　在外侵頻繁的三國時代，爲了宮殿的防禦會在城墻的基底位置設置垓子，除了靠近南川（又稱蚊川）的南部以外，在東、西、北三面都發現了石築式或土壙式垓子。據調查結果顯示，隨着三國的統一，外部入侵的憂患消失以後，新羅爲了克服宮殿狹小的缺點填埋垓子後在上面修建了大規模的建築物。

　　另外，北面的土壙式垓子將 4 個狹長的蓮花池連接在一起，考慮到月城東側的入水口和南側排水口的高度差（18 米），可以確認這是爲了將水集中到垓子内部。據悉，這種護城河的形態和建造方法是在其他

1　1990 年國立慶州文化財研究所成立之前，月城垓子的發掘是由其前身機構，即文化財研究所慶州古跡發掘調查團進行的。

城郭中尚未發現的獨特建造方式。木簡主要出土于 "다" (da) 區域的土壙式
（或是蓮花池形）垓子的泥層中。

慶州月城（垓子）全景

❖ 148. **六面墨文木簡** 慶州 月城垓子 三國時代

Wooden Strip with Inscription on One-side

長 (L.) 20.5 釐米　寬 (B.) 2.7 〜 3.3 釐米

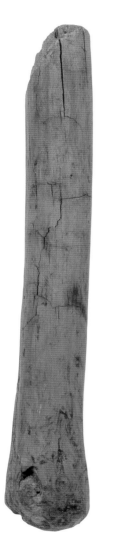

（第一面）　　　　　　　　　　　　　　（第二面）

（第三面）　　　　　　　　　　　　　　（第四面）

（第五面）　　　　　　　　　　（第六面）

❖ 149. **四面墨文木簡** 慶州 月城垓子 三國時代

Wooden Strip with Inscription on Four-side

長 (L.) 19.0 釐米　寬 (B.) 0.7 ～ 1.2 釐米　厚 (T.) 0.9 ～ 1.2 釐米

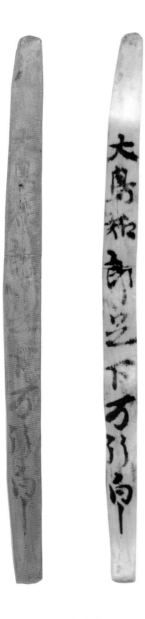

（第一面）　　　　　　　　　　　　　　　　　　（第二面）

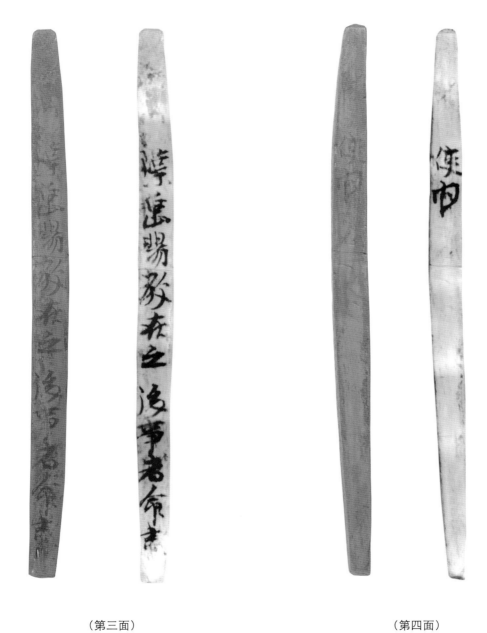

（第三面）　　　　　　　　　　　　　　（第四面）

❖ 150. **四面墨文木簡** 慶州 月城垓子 三國時代
Wooden Strip with Inscription on Four-side
現長 (Present L.) 20.4 釐米　寬 (B.) 1.3 ～ 1.8 釐米　厚 (T.) 0.6 ～ 1.6 釐米

（第一面）

（第二面）

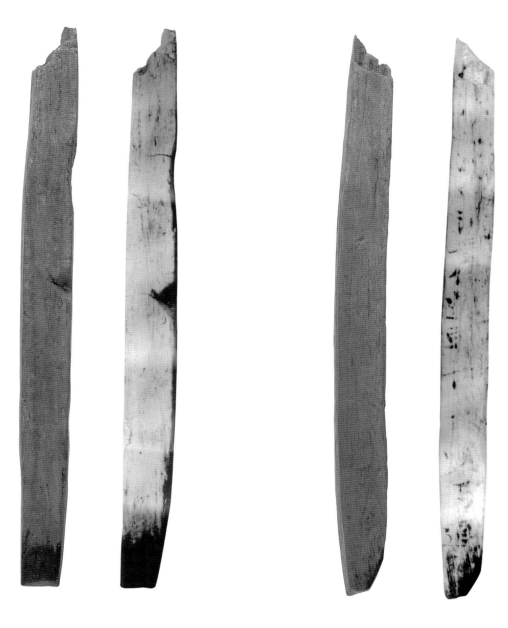

（第三面）　　　　　　　　　　　　（第四面）

❖ 151. **四面墨文木簡** 慶州 月城垓子 三國時代
Wooden Strip with Inscription on Four-side
現長 (Present L.) 25.0 釐米　寬 (B.) 1.1 ～ 1.4 釐米　厚 (T.) 1.0 ～ 1.3 釐米

（第一面）　　　　　　　　　　　　　（第二面）

（第三面）　　　　　　　　　　　（第四面）

❖ 152. **四面墨文木簡** 慶州 月城垓子 三國時代
　　　Wooden Strip with Inscription on Four-side
　　　現長 (Present L.) 20.2 釐米　寬 (B.) 3.5 ～ 4.2 釐米

（第一面）　　　　　　　　　　　（第二面）

（第三面）　　　　　　　　　　　（第四面）

❖ 153. **三面墨文木簡** 慶州 月城垓子 三國時代
Wooden Strip with Inscription on Three-side
長 (L.) 24.5 釐米 寬 (B.) 3.8 ～ 4.7 釐米

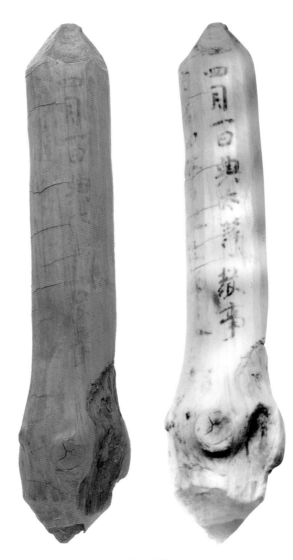

（第一面）

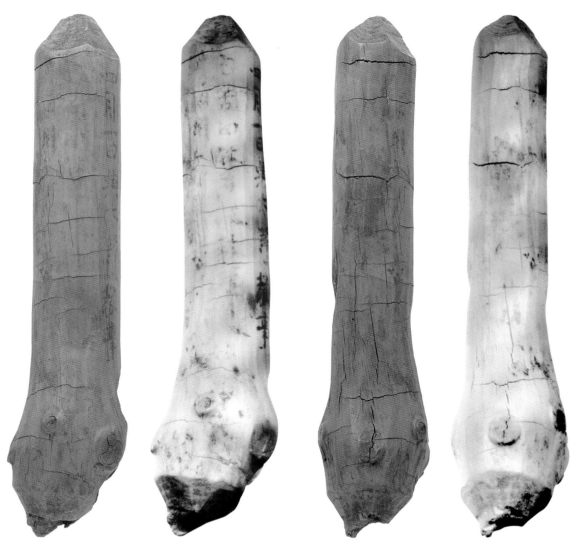

（第二面）　　　　　　　　　　　　　　（第三面）

❖ 154. **三面墨文木簡** 慶州 月城垓子 三國時代
　　Wooden Strip with Inscription on Three-side
　　現長 (Present L.) 15.5 釐米　寬 (B.) 0.5 ～ 1.4 釐米　厚 (T.) 1.0 ～ 1.8 釐米

（第一面）　　　　　　　　　　（第二面）　　　　　　　　　　（第三面）

❖ 155. **三面墨文木簡** 慶州 月城垓子 三國時代
　　　Wooden Strip with Inscription on Three-side
　　　現長 (Present L.) 15.2 釐米　寬 (B.) 2.3 釐米　厚 (T.) 1.3 釐米

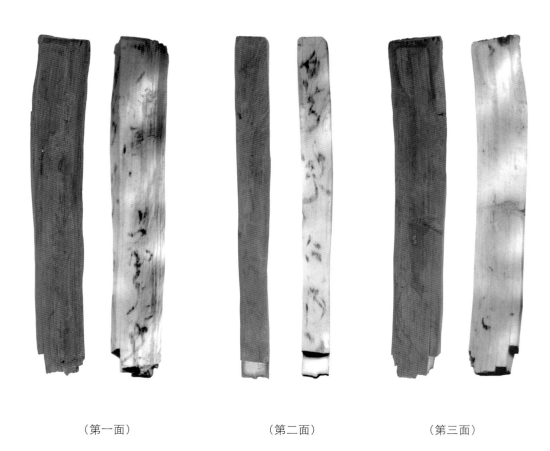

（第一面）　　　　　　　（第二面）　　　　　　　（第三面）

❖ **156. 一面墨文木簡** 慶州 月城垓子 三國時代
　　Wooden Strip with Inscription on One-side
　　現長 (Present L.) 16.8 釐米　寬 (B.) 1.5 ～ 2.3 釐米　厚 (T.) 0.3 ～ 0.7 釐米

❖ 157. **二面墨文木簡** 慶州 月城垓子 三國時代
Wooden Strip with Inscription on Two-side
現長 (Present L.) 18.2 釐米　寬 (B.) 2.4 釐米　厚 (T.) 0.2 ～ 0.4 釐米

（正面）

（背面）

❖ 158. **二面墨文木簡** 慶州 月城垓子 三國時代
　　Wooden Strip with Inscription on Two-side
　　現長 (Present L.) 26.7 釐米　寬 (B.) 1.8 ～ 2.4 釐米　厚 (T.) 0.5 ～ 0.9 釐米

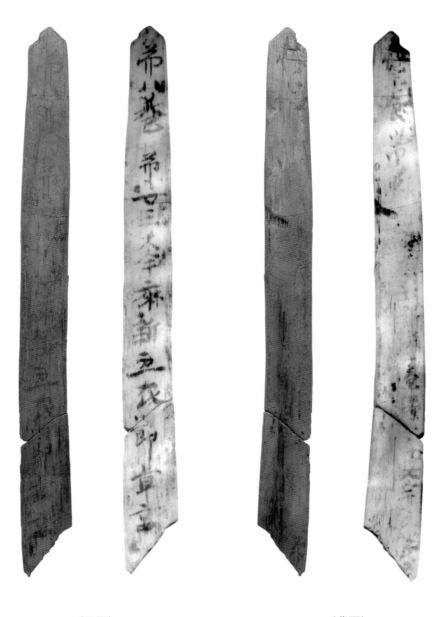

（正面）　　　　　　　　　　　　　　　（背面）

❖ 159. **二面墨文木簡** 慶州 月城垓子 三國時代
Wooden Strip with Inscription on Two-side
現長 (Present L.) 21.8 釐米　寬 (B.) 2.6 釐米　厚 (T.) 0.7 釐米

（正面）　　　　　　　　　　　　　　　　（背面）

❖ 160. **二面墨文木簡** 慶州 月城垓子 三國時代
Wooden Strip with Inscription on Two-side
現長 (Present L.) 20.0 釐米　寬 (B.) 2.0 釐米　厚 (T.) 0.4 ～ 0.7 釐米

（正面）　　　　　　　　　　　　　　　（背面）

❖ 161. **二面墨文木簡** 慶州 月城垓子 三國時代
　　　Wooden Strip with Inscription on Two-side
　　　現長 (Present L.) 28.5 釐米　寬 (B.) 1.9 〜 2.2 釐米

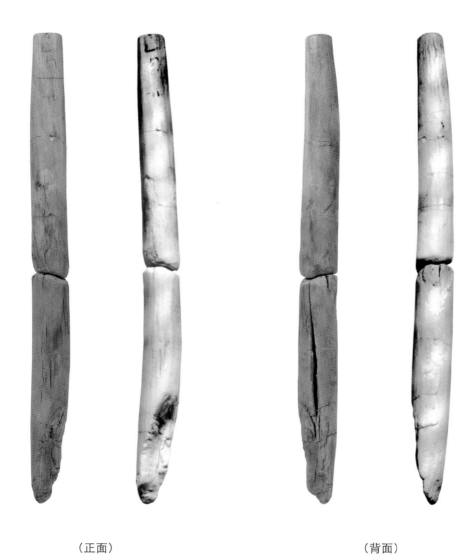

　　　（正面）　　　　　　　　　　　　（背面）

❖ 162. **二面墨文木簡** 慶州 月城垓子 三國時代
Wooden Strip with Inscription on Two-side
現長 (Present L.) 29.4 釐米　寬 (B.) 2.0 釐米　厚 (T.) 0.8 釐米

（正面）　　　　　　　　　　　　　（背面）

❖ **163. 一面墨文木簡** 慶州 月城垓子 三國時代

Wooden Strip with Inscription on One-side
現長 (Present L.) 19.6 釐米　寬 (B.) 2.1 〜 2.5 釐米
厚 (T.) 1.1 釐米

❖ **164. 一面墨文木簡** 慶州 月城垓子 三國時代

Wooden Strip with Inscription on One-side
現長 (Present L.) 34.2 釐米　寬 (B.) 1.8 釐米
厚 (T.) 0.2 〜 0.5 釐米

❖ 165. **刻痕木簡** 慶州 月城垓子 三國時代
Wooden Strip
長 (L.) 38.8 釐米 寬 (B.) 3.0 釐米

❖ 166. **一面墨文木簡** 慶州 月城垓子 三國時代
Wooden Strip with Inscription on One-side
長 (L.) 49.0 釐米 寬 (B.) 2.4 釐米
厚 (T.) 1.0 釐米

❖ 167. **四面墨文木簡** 慶州 月城垓子 三國時代
Wooden Strip with Inscription on Four-side
現長 (Present L.) 15.0 釐米　寬 (B.) 2.2 釐米　厚 (T.) 1.3 釐米

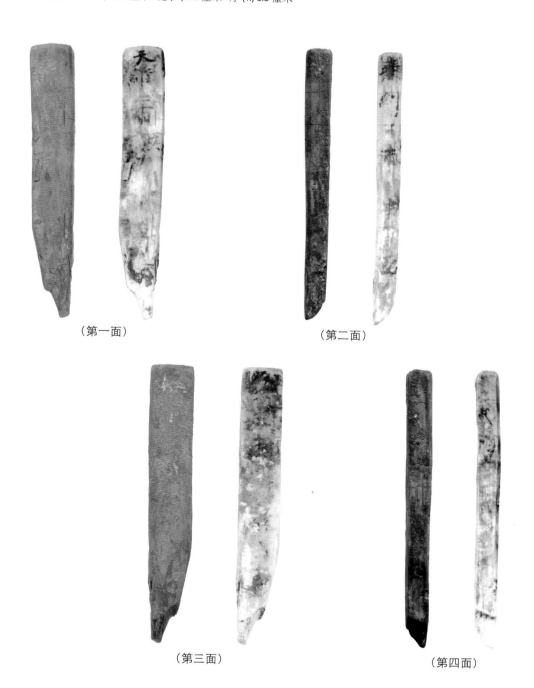

（第一面）　　　　　　　　　　　　　　（第二面）

（第三面）　　　　　　　　　　　　　　（第四面）

❖ 168. **二面墨文木簡** 慶州 月城垓子 三國時代
Wooden Strip with Inscription on Two-side
現長 (Present L.) 10.8 釐米　寬 (B.) 2.5 釐米
厚 (T.) 0.6 釐米

❖ 169. **二面墨文木簡** 慶州 月城垓子 三國時代
Wooden Strip with Inscription on Two-side
現長 (Present L.) 9.0 釐米　現寬 (Present B.) 2.7 釐米
厚 (T.) 0.4 釐米

（正面）

（正面）

（背面）

（背面）

慶州雁鴨池全景

❖ 182. **三面墨文木簡** 慶州 雁鴨池 統一新羅時代

Wooden Strip with Inscription on Three-side

現長 (Present L.) 15.9 釐米　寬 (B.) 2.5 釐米　厚 (T.) 2.5 釐米

（第一面）

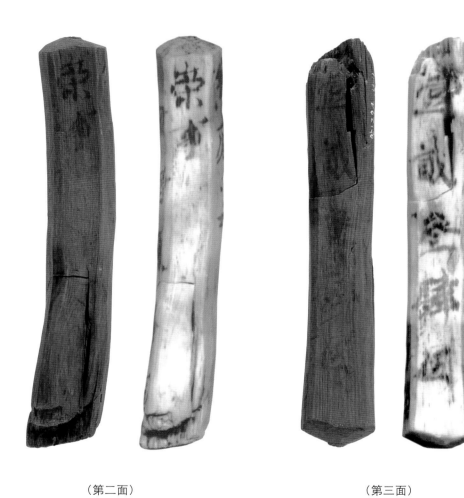

（第二面）　　　　　　　　　　　　（第三面）

❖ 183. **三面墨文木簡** 慶州 雁鴨池 統一新羅時代
　　Wooden Strip with Inscription on Three-side
　　現長 (Present L.) 13.9 釐米　寬 (B.) 1.5 釐米　厚 (T.) 0.9 釐米

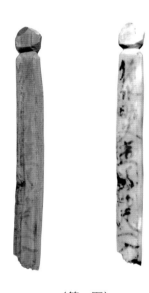

（第一面）

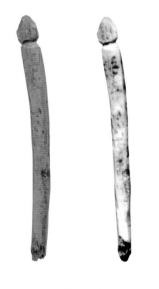

（第二面）

（第三面）

❖ **184. 二面墨文木簡** 慶州 雁鴨池 統一新羅時代

Wooden Strip with Inscription on Two-side

現長 (Present L.) 23.5 釐米　寬 (B.) 3.0 釐米　厚 (T.) 0.5 釐米

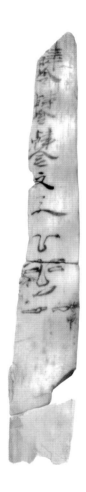

（正面）　　　　　　　　　　　　　　　　　　　　（背面）

❖ 185. **二面墨文木簡** 慶州 雁鴨池 統一新羅時代
   Wooden Strip with Inscription on Two-side
   現長 (Present L.) 16.5 釐米　寬 (B.) 4.5 釐米　厚 (T.) 1.1 釐米

（正面）

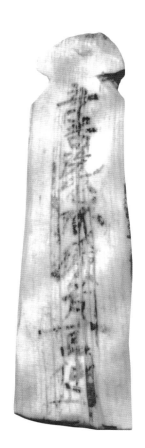

（背面）

❖ 186. **二面墨文木簡** 慶州 雁鴨池 統一新羅時代
Wooden Strip with Inscription on Two-side
現長 (Present L.) 17.7 釐米　寬 (B.) 4.2 釐米　厚 (T.) 0.5 釐米

（正面）

（背面）

❖ 187. **二面墨文木簡** 慶州 雁鴨池 統一新羅時代
Wooden Strip with Inscription on Two-side
長 (L.) 30.0 釐米 寬 (B.) 5.6 釐米 厚 (T.) 0.65 釐米

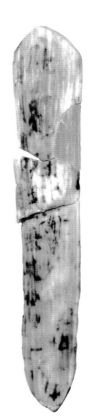

（正面）　　　　　　　　　　　　　（背面）

❖ **188. 二面墨文木簡** 慶州 雁鴨池 統一新羅時代

Wooden Strip with Inscription on Two-side

長 (L.) 15.4 釐米　寬 (B.) 3.5 釐米　厚 (T.) 0.6 釐米

（正面）　　　　　　　　　　　　　　　　　（背面）

❖ 189. **二面墨文木簡** 慶州 雁鴨池 統一新羅時代
Wooden Strip with Inscription on Two-side
長 (L.) 15.8 釐米　寬 (B.) 2.0 釐米　厚 (T.) 0.4 釐米

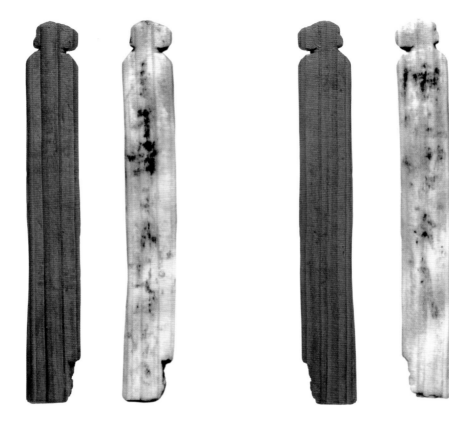

（正面）　　　　　　　　　　　　　　　（背面）

❖ 190. **二面墨文木簡** 慶州 雁鴨池 統一新羅時代
Wooden Strip with Inscription on Two-side
長 (L.) 20.8 釐米　寬 (B.) 2.2 釐米　厚 (T.) 1.1 釐米

（正面）　　　　　　　　　　　　　　（背面）

❖ 191. 二面墨文木簡 慶州 雁鴨池 統一新羅時代

Wooden Strip with Inscription on Two-side
現長 (Present L.) 16.5 釐米　寬 (B.) 1.7 釐米　厚 (T.) 1.0 釐米

（正面）　　　　　　　　　　　　（背面）

❖ 192. **一面墨文木簡** 慶州 雁鴨池 統一新羅時代
Wooden Strip with Inscription on One-side
現長 (Present L.) 22.0 糎米　寬 (B.) 2.5 糎米
厚 (T.) 0.5 糎米

❖ 193. **一面墨文木簡** 慶州 雁鴨池 統一新羅時代
Wooden Strip with Inscription on One-side
現長 (Present L.) 21.9 糎米　寬 (B.) 2.5 糎米
厚 (T.) 0.2 糎米

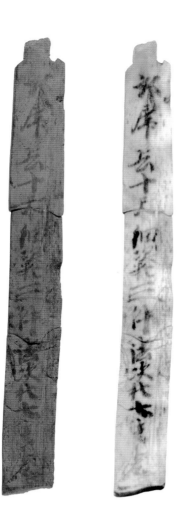

❖ 194. **一面墨文木簡** 慶州 雁鴨池 統一新羅時代
Wooden Strip with Inscription on One-side
現長 (Present L.) 15.2 釐米　寬 (B.) 2.7 釐米
厚 (T.) 0.8 釐米

❖ 195. **一面墨文木簡** 慶州 雁鴨池 統一新羅時代
Wooden Strip with Inscription on One-side
現長 (Present L.) 16.9 釐米　寬 (B.) 1.3 釐米
厚 (T.) 0.7 釐米

❖ 196. **一面墨文木簡** 慶州 雁鴨池 統一新羅時代
Wooden Strip with Inscription on One-side
現長 (Present L.) 18.2 釐米　寬 (B.) 1.9 釐米
厚 (T.) 1.2 釐米

❖ 197. **一面墨文木簡** 慶州 雁鴨池 統一新羅時代
Wooden Strip with Inscription on One-side
現長 (Present L.) 16.9 釐米　寬 (B.) 2.1 釐米
厚 (T.) 1.0 釐米

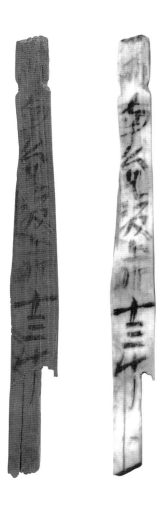

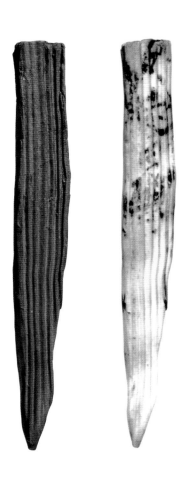

❖ 198. **二面墨文木簡** 慶州 雁鴨池 統一新羅時代
　　　 Wooden Strip with Inscription on Two-side
　　　 現長 (Present L.) 30.8 釐米　寬 (B.) 3.4 ～ 3.9 釐米　厚 (T.) 2.5 ～ 2.6 釐米

（正面）　　　　　　　　　　　（背面）

❖ **199.** **一面墨文木簡** 慶州 雁鴨池 統一新羅時代
Wooden Strip with Inscription on One-side
現長 (Present L.) 28.3 釐米　寬 (B.) 5.0 釐米　厚 (T.) 0.8 釐米

❖ 200. **一面墨文木簡** 慶州 雁鴨池 統一新羅時代
Wooden Strip with Inscription on One-side
現長 (Present L.) 15.0 釐米　寬 (B.) 4.7 釐米　厚 (T.) 0.8 釐米

❖ 201. **一面墨文木簡** 慶州 雁鴨池 統一新羅時代
Wooden Strip with Inscription on One-side
長 (L.) 24.3 釐米　寬 (B.) 1.9 釐米
厚 (T.) 0.7 釐米

❖ 202. **一面墨文木簡** 慶州 雁鴨池 統一新羅時代
Wooden Strip with Inscription on One-side
長 (L.) 43.4 釐米　寬 (B.) 3.2 釐米
厚 (T.) 1.0 釐米

❖ 203. **一面墨文木簡** 慶州 雁鴨池 統一新羅時代
Wooden Strip with Inscription on One-side
長 (L.) 37.5 釐米　寬 (B.) 4.5 釐米
厚 (T.) 1.3 釐米

❖ 204. **一面墨文木簡** 慶州 雁鴨池 統一新羅時代
Wooden Strip with Inscription on One-side
現長 (Present L.) 19.1 釐米　寬 (B.) 4.1 釐米
厚 (T.) 0.3 釐米

❖ **205. 六面墨文木簡** 慶州 雁鴨池 統一新羅時代
Wooden Strip with Inscription on Six-side
現長 (Present L.) 9.0 釐米　厚 (T.) 2.7 釐米

（第一面）　　　　　　（第二面）　　　　　　（第三面）

（第四面）　　　　　　（第五面）　　　　　　（第六面）

❖ **206. 二面墨文木簡** 慶州 雁鴨池 統一新羅時代
Wooden Strip with Inscription on Two-side
現長 (Present L.) 14.5 釐米　寬 (B.) 4.2 釐米　厚 (T.) 1.0 釐米

（正面）

（背面）

❖ 207. **二面墨文木簡** 慶州 雁鴨池 統一新羅時代
Wooden Strip with Inscription on Two-side
現長 (Present L.) 11.0 釐米　寬 (B.) 3.5 釐米
厚 (T.) 0.6 釐米

❖ 208. **二面墨文木簡** 慶州 雁鴨池 統一新羅時代
Wooden Strip with Inscription on Two-side
現長 (Present L.) 12.8 釐米　寬 (B.) 1.8 釐米
厚 (T.) 0.8 釐米

（正面）

（正面）

（背面）

（背面）

❖ 209. **二面墨文木簡** 慶州 雁鴨池 統一新羅時代
Wooden Strip with Inscription on Two-side
現長 (Present L.) 18.0 釐米　寬 (B.) 2.5 釐米　厚 (T.) 0.4 釐米

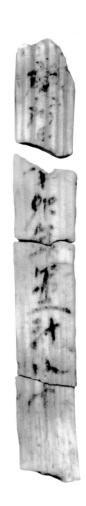

（正面）　　　　　　　　　　　　　　　　　（背面）

❖ 210. **二面墨文木簡** 慶州 雁鴨池 統一新羅時代
　　Wooden Strip with Inscription on Two-side
　　長 (L.) 11.3 釐米　寬 (B.) 4.2 釐米　厚 (T.) 0.75 釐米

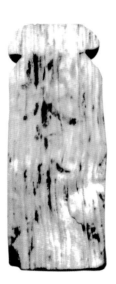

（正面）　　　　　　　　　　　　　　（背面）

❖ **211. 二面墨文木簡** 慶州 雁鴨池 統一新羅時代
Wooden Strip with Inscription on Two-side
長 (L.) 10.7 釐米 寬 (B.) 3.1 釐米
厚 (T.) 1.0 釐米

❖ **212. 二面墨文木簡** 慶州 雁鴨池 統一新羅時代
Wooden Strip with Inscription on Two-side
現長 (Present L.) 9.35 釐米 寬 (B.) 2.65 釐米
厚 (T.) 0.3 釐米

（正面）

（正面）

（背面）

（背面）

❖ **213. 二面墨文木簡** 慶州 雁鴨池 統一新羅時代
Wooden Strip with Inscription on Two-side
長 (L.) 8.8 釐米 　寬 (B.) 1.45 釐米
厚 (T.) 0.45 釐米

❖ **214. 二面墨文木簡** 慶州 雁鴨池 統一新羅時代
Wooden Strip with Inscription on Two-side
現長 (Present L.) 8.4 釐米 　寬 (B.) 3.0 釐米
厚 (T.) 0.8 釐米

（正面）　　　　　　　　　　　　　　　　　　（正面）

 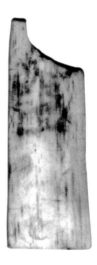

（背面）　　　　　　　　　　　　　　　　　　（背面）

❖ **215. 二面墨文木簡** 慶州 雁鴨池 統一新羅時代
Wooden Strip with Inscription on Two-side
現長 (Present L.) 9.4 釐米　寬 (B.) 2.15 釐米

❖ **216. 二面墨文木簡** 慶州 雁鴨池 統一新羅時代
Wooden Strip with Inscription on Two-side
現長 (Present L.) 13.2 釐米　寬 (B.) 2.4 釐米
厚 (T.) 0.7 釐米

（正面）

（正面）

（背面）

（背面）

❖ **217. 二面墨文木簡** 慶州 雁鴨池 統一新羅時代
　Wooden Strip with Inscription on Two-side
　現長 (Present L.) 10.5 糎米　寬 (B.) 2.5 糎米
　厚 (T.) 0.5 糎米

❖ **218. 二面墨文木簡** 慶州 雁鴨池 統一新羅時代
　Wooden Strip with Inscription on Two-side
　現長 (Present L.) 8.4 糎米　寬 (B.) 3.3 糎米
　厚 (T.) 0.8 糎米

（正面）　　　　　　　　　　　　　（正面）

（背面）　　　　　　　　　　　　　（背面）

❖ **219. 二面墨文木簡** 慶州 雁鴨池 統一新羅時代
Wooden Strip with Inscription on Two-side
現長 (Present L.) 8.8 釐米　寬 (B.) 2.8 釐米
厚 (T.) 0.2 釐米

❖ **220. 一面墨文木簡** 慶州 雁鴨池 統一新羅時代
Wooden Strip with Inscription on One-side
長 (L.) 12.7 釐米　寬 (B.) 1.2 釐米
厚 (T.) 0.6 釐米

❖ **221. 一面墨文木簡** 慶州 雁鴨池 統一新羅時代
Wooden Strip with Inscription on One-side
現長 (Present L.) 12.0 釐米　寬 (B.) 1.3 釐米
厚 (T.) 0.5 釐米

（正面）

（背面）

❖ **222. 一面墨文木簡** 慶州 雁鴨池 統一新羅時代
Wooden Strip with Inscription on One-side
現長 (Present L.) 14.1 釐米　寬 (B.) 2.2 〜 2.7 釐米
厚 (T.) 0.3 〜 0.6 釐米

❖ **223. 一面墨文木簡** 慶州 雁鴨池 統一新羅時代
Wooden Strip with Inscription on One-side
現長 (Present L.) 8.5 釐米　寬 (B.) 4.6 釐米
厚 (T.) 0.3 釐米

❖ **224. 一面墨文木簡** 慶州 雁鴨池 統一新羅時代
Wooden Strip with Inscription on One-side
現長 (Present L.) 6.4 釐米　寬 (B.) 3.6 釐米
厚 (T.) 0.3 釐米

❖ **225. 一面墨文木簡** 慶州 雁鴨池 統一新羅時代
Wooden Strip with Inscription on One-side
現 長 (Present L.) 9.0 釐 米　寬 (B.) 4.5 釐 米
厚 (T.) 1.1 釐米

❖ **226. 一面墨文木簡** 慶州 雁鴨池 統一新羅時代
Wooden Strip with Inscription on One-side
現 長 (Present L.) 6.0 釐 米　寬 (B.) 2.5 釐 米
厚 (T.) 0.1 釐米

❖ **227. 一面墨文木簡** 慶州 雁鴨池 統一新羅時代
Wooden Strip with Inscription on One-side
現 長 (Present L.) 8.1 釐 米　寬 (B.) 3.7 釐 米
厚 (T.) 0.3 釐米

❖ **229. 三面墨文木簡** 慶州 雁鴨池 統一新羅時代
Wooden Strip with Inscription on Three-side
長 (L.) 6.1 釐米　寬 (B.) 1.2 釐米
厚 (T.) 1.2 釐米

❖ **232. 二面墨文木簡** 慶州 雁鴨池 統一新羅時代
Wooden Strip with Inscription on Two-side
現長 (Present L.) 6.5 釐米　寬 (B.) 5.5 釐米
厚 (T.) 0.4 釐米

（第一面）

（正面）

（第二面）

（背面）

（第三面）

❖ **233. 二面墨文木簡** 慶州 雁鴨池 統一新羅時代
Wooden Strip with Inscription on Two-side
現長 (Present L.) 4.3 釐米　寬 (B.) 1.2 釐米
厚 (T.) 0.2 釐米

❖ **235. 二面墨文木簡** 慶州 雁鴨池 統一新羅時代
Wooden Strip with Inscription on Two-side
現長 (Present L.) 3.2 釐米　寬 (B.) 1.1 釐米
厚 (T.) 0.7 釐米

❖ **236. 二面墨文木簡** 慶州 雁鴨池 統一新羅時代
Wooden Strip with Inscription on Two-side
現長 (Present L.) 3.8 釐米　寬 (B.) 0.6 釐米
厚 (T.) 0.1 釐米

（正面）

（正面）

（背面）

（背面）

（正面）

（背面）

❖ 237. **二面墨文木簡** 慶州 雁鴨池 統一新羅時代

Wooden Strip with Inscription on Two-side
現長 (Present L.) 4.0 糎米　寬 (B.) 2.2 糎米
厚 (T.) 0.2 糎米

❖ 238. **二面墨文木簡** 慶州 雁鴨池 統一新羅時代

Wooden Strip with Inscription on Two-side
現長 (Present L.) 6.3 糎米　寬 (B.) 3.5 糎米
厚 (T.) 0.4 糎米

❖ 239. **一面墨文木簡** 慶州 雁鴨池 統一新羅時代

Wooden Strip with Inscription on One-side
現長 (Present L.) 3.0 糎米　寬 (B.) 2.2 糎米
厚 (T.) 0.3 糎米

（正面）　　　　　　　　　　　　　　　（正面）

（背面）　　　　　　　　　　　　　　　（背面）

解讀人 / 木簡編號	報告書 (參考文獻8)			國立慶州博物館 (參考文獻20)			高敬姬 (參考文獻24)			尹善泰 (參考文獻36、38)	李基東 (參考文獻39)			李成市 (參考文獻44)	李鎔賢 (參考文獻48)		
	第一面	第二面	第三面	第一面	第二面	第三面	第一面	第二面	第三面		第一面	第二面	第三面		第一面	第二面	第三面
182	寶應四年	策事	壹貳□□□	寶應四年	榮(策?)事	壹貳	寶應四年	策事	壹貳		寶應四年	策事	壹貳□□□		寶應四年	策事	伍肆參貳壹
183				正面：△水△△△△△入　背面：五十五											正面：□□□□□□□□□　背面：五十五		
184	正面：天寶十載□十一月　背面：韓舍			正面：韓舍 韓舍韓舍韓舍 韓舍韓舍韓舍 天寶十載　背面：韓舍文定(?) △十一月 天寶			正面：天寶十載○十一月　背面：韓舍				正面：天寶十載□十一月　背面：韓舍				正面：韓舍 韓舍韓舍韓舍 韓舍 天寶寶寶缶□□□十一□　背面：天寶十載□十一月 韓舍文辵 天寶十載□□□十一□		

解讀人　木簡編號	報告書（參考文獻8）	國立慶州博物館（參考文獻20）	高敬姬（參考文獻24）	尹善泰（參考文獻36、38）	李基東（參考文獻39）	李成市（參考文獻44）	李鎔賢（參考文獻48）
185	□立迷急得附(?)高城墟(?)（武?）	正面：△迷急得(借?)條高城△正　背面：辛△△△△高城△△	○立迷急得附(?)高城墟(?)（武?）	正面：□迷急使牒高城[驢]定　背面：辛[丑]□□□□	立(?)迷急得(?)隘(?)高城□正（武?）	□遺急使牒高城甕□(走?)	正面：□遺急使牒高城甕走　背面：辛審院宅□□□一品囲上
186	正面：□隅宮北門迷□□者□四當□□□□□□　背面：長(?)門□□□□□義□金小老□右□	正面：△隅宮北門迷△△者四當△△△△△△△　背面：長(?)門△△△義△小△金老右(?)	正面：○隅宮北門迷○○者○四當○○○述○○者○　背面：長(?)門○○○○○義○金小老右○		□隅宮北門守迷□□□□四當□□□□□	正面：□隅宮北門廷□阿閤宮門廷□□□□　背面：大門□□□□開義門廷金小差邑□友永	正面：□隅宮北門廷□□閤宮門廷□□□□　背面：大門□□□□開義門廷金小差邑□友永

解讀人 / 木簡編號	報告書 (參考文獻8)		國立慶州博物館 (參考文獻20)		高敬姬 (參考文獻24)		尹善泰 (參考文獻36、38)		李基東 (參考文獻39)		李成市 (參考文獻44)		李鎔賢 (參考文獻48)	
	正面	背面	正面	背面	正面	背面	正面	背面	正面	背面	正面	背面	正面	背面
187	是 錯(?) 處 道 □ 歲 之　我 飛 □ □ 者 家 宣 宮 處 宮	□ □ □ 門 宮(?) 雹(?) □			是 錯(?) 處 道 ○ 歲 之　我 飛 ○ ○ 者 家 宣 宮 處 宮	○ ○ ○ 門 宮(?) 雹(?) ○			是 鐥(?) 處 道 □ 歲 之　我 飛 □ □ 者 家 宣 宮 處 宮	□ □ □ 門 宮(?) 雹(?) □			是 □ 處 道 □ 歲 之　我 飛 □ □ 者 家 宣 宮 處 宮	□ □ □ 門 宮 □ □
188	□ (丙?) 午 年 四 月	□ 火 魚 □ 史 □	丙(?) 午 年 四 月	△ 火 魚 □ 史 △	○ (丙?) 午 年 四 月	○ 火 魚 ○ 史 ○			□ (丙?) 午 年 四 月	□ 火 魚 □ 史 三 □			□ 午 魚 年 四 月	火 魚 □ 史 □
191	□ 寓(?) 洗 宅(?) (?)	□ 審(寫?) 洗 宅 □	寓(?) 洗 宅 寶(?)	寫(?) 洗 宅 △	○ 寓(?) 洗 宅	○ 審(寫?) 洗 宅 ○	寓(?) 洗 宅 寰(?)	寫(?) 洗 宅 □					□ 洗 宅 □	□ 洗 宅

木簡編號 ＼ 解讀人	報告書(參考文獻8)	國立慶州博物館(參考文獻20)	高敬姬(參考文獻24)	尹善泰(參考文獻36、38)	李基東(參考文獻39)	李成市(參考文獻44)	李鎔賢(參考文獻48)
192	□席長十尺細(?)次我三件法次(?)北七□□□	郎席長十尺細(?)次我三件法次(?)代(?)七	○席長十尺細(?)次我三件法次(?)北七○○○○		郎席長十尺細(?)次我三件法次(?)北七□□	郎席長十尺紬次代三件法次代七□	郎席長十尺紬次代三件法次代七□
193							□□監
194	甲辰年□(夏?)五月(?)	正面 背面　甲辰年夏(?)五月(?)／元一	甲辰年○(夏?)五月(?)		申辰年夏(?)五月(?)		甲辰年三月三日□□□□□

木簡編號 \ 解讀人	報告書 (參考文獻8)	國立慶州博物館 (參考文獻20)	高敬姬 (參考文獻24)	尹善泰 (參考文獻36、38)	李基東 (參考文獻39)	李成市 (參考文獻44)	李鎔賢 (參考文獻48)
195	□ 二(三?) 百(日?) □ □ □ 百	△ 二(三?) 百(日?) □ □ 百	○ 二(三?) 百(日?) ○ ○ ○ 百		□ 二(三?) 百(日?) □ □ □ 百		□ 三 石 □ 監 及 阿
196	□ □ □ □ 歲(?) 十 三 □	南(?) 公(?) 歲(?) 十 三 卝(斗?)	○ ○ ○ ○ 歲(?) 十 三 ○		□ 公(?) □ □ 歲(?) 十 三 千(?)	南 公 是 又 上 □ 十 三 4	南 麼 是 反 上 卅 三 4
205	重 豫(?) 木(等?) 處	重 丫 朮 △ 處 △	重 預(?) 木(等?) 處		重 丫 木(等?) 處		**1面** 重 兮 朩 □ □ **5面** 六 □ □ □ □ **6面** □ □ 土 □ □
206	壁(?) 琴 現 榮(?) ／ □ 榮(?) 抱 相 耕(?) 慰	壁 摻 琴 現(?) 榮(?) ／ △ 榮(?) 抱 相 耕(?) 慰	壁(?) 琴 現 榮(?) ／ ○ 榮(?) 抱 相 耕(?) 慰		壁 摻 琴 現(?) 榮(?) ／ 華(?) 抱 相 耕(?) 慰		□ 琴 現 □ ／ □ □ 抱 相 耕 慰

解讀人　木簡編號	報告書（參考文獻8）正面	背面	國立慶州博物館（參考文獻20）正面	背面	高敬姬（參考文獻24）正面	背面	尹善泰（參考文獻36、38）正面	背面	李基東（參考文獻39）正面	背面	李成市（參考文獻44）正面	背面	李鎔賢（參考文獻48）正面	背面
207	□坪棒　百廿□	庠	△坪棒キ百廿二品△	九月辛五△△和△	○坪棒　百廿○	辛	□坪捧キ　百廿一品□	□辛九月五回□□知□□	庠坪棒キ百廿二		□坪捧才百廿一品上	九月五日□□□五十尺	□坪捧キ百廿一品上	□辛九月五□□□
208	門□□寫(?)若赴(?)	木(等?)水□使用次省寸□	門△廿△寫(?)若赴(?)	朮水△使用以(?)省朮△	門○○寫(?)若赴(?)	木(等?)水○使用次省寸○			門□□寫(?)若赴	木(等?)水□使用次省寸(?)			門□□□若□	木朮水□使用次省寸□
209	□□宋(?)第二汁□□				○○宋(?)第二汁○○				□□宋(?)第(?)二汁□	□□□洗(?)宅(?)			□□□二汁□□	□□洗宅

解讀人 木簡編號	報告書 (參考文獻8)	國立慶州博物館 (參考文獻20)	高敬姬 (參考文獻24)	尹善泰 (參考文獻36、38)	李基東 (參考文獻39)	李成市 (參考文獻44)	李鎔賢 (參考文獻48)
210	乙巳年正月十九日□日宋(?)	乙巳年正月十九日	乙巳年正月十九日○日宋(?)		乙巳年正月十九日□日宋(?)		正面 己巳年正月十九日仲日□ / 背面 熟瓜十八□
212	正面 庚子年五月十六日 / 背面 原(?)□□史(武?)	正面 庚子年五月十六日 / 背面 原(?)△△史正	正面 庚子年五月十六日 / 背面 原(?)○○史(武?)		正面 庚子年五月十六日 / 背面 原(?)□□史正(武?)		正面 庚子年五月十六日 / 背面 本□□□史走
213	正面 策事門恩(思?)□□金 / 背面 策事門□□□金	正面 榮(策?)事門恩(思?)魚(?)□金 / 背面 榮(策?)事門△△△金	正面 策事門恩(思?)○○○金 / 背面 策事門○○金		正面 策(?)事門恩□□金 / 背面 策事門果(?)□金		正面 策事門恩□□金 / 背面 策事門□□金

解讀人 / 木簡編號	報告書 (參考文獻8)	國立慶州博物館 (參考文獻20)	高敬姬 (參考文獻24)	尹善泰 (參考文獻36、38)	李基東 (參考文獻39)	李成市 (參考文獻44)	李鎔賢 (參考文獻48)
214	□ (丁?) 四 □ □ (作?)		○ (丁?) 四 ○ ○ (作?)		□ (丁?) 四 □ □ (作?)		正面：□ 四 □　背面：□ □
215	正面：十一日廿一日(?) □ □　背面：單 □ 史 □ □	正面：十一月廿一日 △ △　背面：單 △ 史 △ △	正面：十一日廿一日(?) ○ ○　背面：單 ○ 史 ○ ○		正面：十一月廿一日 □　背面：單 □ 史 □		正面：十一月廿一日 □　背面：單 史 □
216	正面：二月 □ 日 作　背面：陏(?) 盤		正面：二月 ○ 日 作　背面：陏(?) 盤		正面：二月 □ 日 作　背面：陏(?) 盤		正面：二月 □ 日 作　背面：□ 盤
217							□
218	丙				丙		丙

解讀人　木簡編號	報告書 (參考文獻8)	國立慶州博物館 (參考文獻20)	高敬姬 (參考文獻24)	尹善泰 (參考文獻36、38)	李基東 (參考文獻39)	李成市 (參考文獻44)	李鎔賢 (參考文獻48)
220	□□年二月八日□永造(?)	甲寅年壹(?)八九月	○○年二月八日○永造(?)	□□年二月八日□永造(?)			□□年二月八日□永造
221	甲寅年壱(?)八九月□□□		甲寅年壹(?)八九月○○○○		甲寅年壹(?)八九月□□□		甲寅年□□□□□
222	三月廿一日□□□□				三月廿一日○○○○○		三月廿一日□□

❖ **279. 二面墨文木簡** 國立慶州博物館建築用地內遺址 統一新羅時代
Wooden Strip with Inscription on Two-side
長 (L.) 24.1 釐米　寬 (B.) 1.8 釐米　厚 (T.) 0.3 釐米

（正面）　　　　　　　　　　　　　　（背面）

❖ 280. **二面墨文木簡** 國立慶州博物館建築用地內遺址 統一新羅時代
   Wooden Strip with Inscription on Two-side
   現長 (Present L.) 9.8 釐米　寬 (B.) 2.1 釐米　厚 (T.) 0.9 釐米

（正面）　　　　　　　　　　　　　　　　　（背面）

解讀人 木簡編號	279	280
內　容	萬 本 △ △ △ △ △ △ △ △ △ △ △ △ △ △ △ △ △	△ △ 村 △ △

釋文依據參考文獻 20 而來。

慶州博物館美術館建築用地及埋設管道用地内遺址（孫煥一）

279：（第一面）「百本隸隸身中有叭五日 □□□□ 主時南從 □」（第二面）「□ 策 □□□ 哉」

280：（第一面）「爾置村沙卅」（第二面）「□□□ 卅」

慶州皇南洞 376 號遺址

慶北慶州市皇南洞 376 號遺址是三國時代到統一新羅時代（7—9 世紀）的生活遺跡，1994 年東國大學慶州校區博物館對其進行了發掘調查。

調查發現了 4 處豎穴遺存和包括 3 口井在內的石槨形遺存，柱坑和木柵遺存、集石遺存等遺跡，以及 2 枚墨文木簡、印章、坩堝、石錘、陶俑等遺物。

木簡在位于調查區域東側的 1 號豎穴內靠東的牆壁處與滑石印章一起被清理出來。除此之外，豎穴內還出土了石雕、草鞋、梳子、骨器、陶器片和瓦片等。

從 1 號豎穴在最外圍放置了一些圓木，沒有發現其他設施。從木簡的墨文中有一般用來指代方形木質倉庫的"椋"字來看，這裏可以推測爲倉庫或是其附屬建築物。

在發掘調查中收集的 3 枚木簡殘片中，有一片是否能視爲木簡尚不明確。與此相反，1 號木簡和 2 號木簡不僅出土地、字體和樹種相同，加工痕跡和規格也非常相似，在墨文內容上也有很深的相關性。因此可以推測兩枚木簡殘片原爲同一枚木簡。

木簡的正面解讀大意爲"5 月 26 日左右的穀物……下椋的穀物……幾石，還有大米……幾石……"背面解讀爲"中椋的穀物是 23 石"。

在皇南洞 376 號遺址調查中確認的包括豎穴遺構在內的各種設施可以判斷爲 7—8 世紀新羅時代官營倉庫或是宮中倉庫的附屬建築。除此之外，從其位于當時的王或最高統治階層的陵墓周邊來看，也可推測是與陵墓相關的附屬遺跡。

另外，通過木簡的墨文內容可以推測官府或官營手工業場在統一新羅時代具備了一定的倉庫體系，依靠文書和記錄定期調查附屬倉庫的庫存量或收納物品，並把結果按照日期記入木簡中。

　　進一步講，通過這些木簡可以推測出立足于郡縣製的地方統治體製與中央的倉部、調府組織及與其相連的交通路綫和物品流通體系等，因此具有重要的意義。

皇南洞 376 號遺址

1 號豎穴（木簡出土地）

❖ **281. 二面墨文木簡**

慶州皇南洞 376 號遺址　統一新羅時代
Wooden Strip with Inscription on Two-side
現長 (Present L.) 17.5 釐米　寬 (B.) 2.0 釐米
厚 (T.) 0.6 釐米　松木

❖ **282. 一面墨文木簡**

慶州皇南洞 376 號遺址　統一新羅時代
Wooden Strip with Inscription on One-side
現長 (Present L.) 4.5 釐米　寬 (B.) 1.8 釐米
厚 (T.) 0.6 釐米　松木

（正面）

（背面）

解讀人＼木簡編號	報告書 (參考文獻7)		國立慶州博物館 (參考文獻20)		東國大學校慶州캠퍼스博物館 (金鎬詳)		釜山市立博物館福泉分館 (參考文獻23)	金昌錫 (參考文獻26)		李成市 (參考文獻44)		李鎔賢 (參考文獻45)		金昌錫·李鎔賢 (參考文獻49)	
	正面	背面	正面	背面	正面	背面		正面	背面	正面	背面	正面	背面	正面	背面
281	五月廿六日椋食△內囟　下椋有	仲椋有食廿三卣	五月廿六日椋食△內之　下椋有	仲椋有食廿三卣	五月廿六日椋食□內之　下椋有……	仲椋有食廿(三)	五月二十六日椋食□□□下	五月廿六日椋食△內?△　下椋有	仲椋有食廿三?石	五月廿六日椋食□□之下椋食有□	仲椋食有廿二石	五月椋有六日椋食□囚之　下椋有	仲　食廿三卣	五月椋廿六日椋食□囚之　下椋有	仲　有食廿三
282	又米		石又米		石又米		石?　又米	石?　又米				石又米		石又米	

金昌錫用△標注不明字，用？標注推測字

慶州皇南洞376號遺址（孫煥一）

281：（第一面）「五月廿六日椋食□□□下椋有」／（第二面）「仲椋有食廿二石」

282：「□人米」

扶餘官北里遺址

　　扶餘官北里遺址（歷史文化遺產第 428 號）被推測爲百濟泗沘時代的王宮遺址，忠南大學博物館在 1982 年至 1992 年間先後 7 次對其進行了發掘調查。之後，國立扶餘文化財研究所自 2001 年至 2004 年，每年都進行年度調查。

　　調查發現了包括百濟時代的蓮花池、道路、下水道、築台、建築遺存等在內的大規模工房相關設施、豎穴遺存，以及儲藏穀物與水果的倉庫設施等多種遺跡。

　　最近調查的工房、倉庫、豎穴居住地所在的區域很有可能是百濟時代的王宮或官衙附屬設施所在的地方。

　　有着精巧護岸石築的蓮花池整體規模爲東西長 10 米，南北寬 6.2 米，深 0.75 ～ 1.15 米，內部沉積層大體上由下部的黃褐色土層和黑灰色黏土層以及上部的黑褐色土層組成。

　　百濟地區首次出土的木簡在蓮花池中堆積的三個土層中都有發現，特別是上面的兩個土層除了發現木簡還整理出相當數量的百濟陶器、瓦片，以及木質人偶腿、籃子等有機遺物。

　　在上層黑褐色土層整理出來的開元通寶成爲解開蓮花池在 7 世紀前半期至中期的某個時刻被廢棄的綫索。

官北里遺址全景

❖ 283. **二面墨文木簡** 扶餘官北里遺址 三國時代
Wooden Strip with Inscription on Two-side
現長 (Present L.) 19.6 釐米　寬 (B.) 4.2 釐米　厚 (T.) 0.4 釐米

（正面）[1]　　　　　　　　　　　　　　　（背面）

<hr/>

1 譯者註：韓文原版簡283下面有註"（正面）中阝、（背面）本 我 自"。意義不明，官北里其他木簡無釋文。

❖ 284. **二面墨文木簡** 扶餘官北里遺址 三國時代
Wooden Strip with Inscription on Two-side
長 (L.) 20.4 釐米　寬 (B.) 4.5 釐米　厚 (T.) 0.9 釐米

   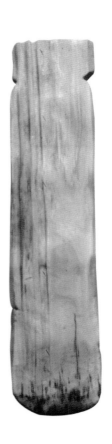

（正面）　　　　　　　　　　　　　　（背面）

扶餘陵山里遺址

扶餘陵山里遺址（歷史文化遺產第 434 號）是百濟泗沘時代的寺廟遺址，位于扶餘羅城和陵山里古墓群之間的陵墓谷溪谷中。

作爲百濟文化圈開發計劃的一環，國立扶餘博物館于 1992 年至 2002 年間對扶餘陵山里遺址一共進行了 8 次發掘調查。結果發現中門、木塔、金堂、講堂位于南北一條直綫上，周邊的迴廊則按照一塔一金堂的典型百濟伽藍形式設置。

東西迴廊的外側分別建置了南北方向的排水渠，西迴廊外圍的排水渠上有木橋和石橋，東迴廊外圍的排水渠上建設了石橋。除此之外，在中門遺址南側發現了東西、南北方向的道路遺跡和排水設施。

另外，1993 年在疑似爲工房的建築遺址裏發現了百濟金銅大香爐（第 287 號國寶）。又在木塔遺址的基石上出土的百濟昌王銘石造舍利龕中發現了威德王十三年（567）百濟公主供奉舍利的銘文記錄，由此證明這座寺廟是百濟王室的祈願寺廟。

木簡是在西排水渠南側的木橋周邊，即陵山里遺址建成以前的先代排水渠中出土。同時出土的還有梳子、筷子、器皿等木製品和建築材料。24 枚木簡中記載着對德、奈率等百濟的官職名和寶憙寺、子基寺等寺廟名，因此被評價爲百濟史研究中寶貴的學術資料。特別是第 8 次發掘（2002 年）出土了一枚將百濟地方官道使支付食糧的事跡按日期統一整理的觚形式的文書木簡，證明陵山里木簡的製作主體很有可能是爲了主管東羅城的建造而被派遣到這裏的百濟中央機構。因此，可以推測該木簡是在 538 年遷都泗沘之前製作的。雖然新羅的明活山城碑或南山新城碑上也記錄了地方官道使動員各地區居民進行築城的事實，但是陵山里木簡是揭示築城期間中央機構如何管理地方官與役民的重要資料。[1]

> ·五日食米三斗大升壬日食三斗大二七日食三斗大升二 □□□（缺失）
> ·道使 次如逢火吏 猪耳其身者如黑也道使浚 □ 彈耶方 □□□□（缺失）

　　上面的木簡是陵山里出土的四面方形觚狀木簡（長 44 釐米，寬 2 釐米），四面都有墨文，有一面無法解讀。[2] 上面的釋文只介紹了其中的兩面。其中的五日，壬（？）日，七日等記錄的是按照天數向道使支付食糧的内容。[3] 從這些内容來看，該木簡不是單純作爲筆記用的，而是以之前的五日、壬（？）日、七日各個記錄好的單個木簡爲基礎，再重新以日、月爲單位綜合整理的木簡。這枚木簡雖然下端缺失，但殘存長度有 44 釐米，斷面非常規整，接近正方形，因此可以認爲是爲了在一定時間内保存在官衙而製作的。在日本靜岡縣伊場遺址中曾發現過記錄倉庫出納情況的超過 1 米的賬簿用文書木簡，與該木簡有相似之處。

　　在陵山里遺址中，除了觚形的文書木簡外，還出土了擔保官員移動的身份證和荷札（物品標籤）等。特別是在韓國首次出土了木簡削衣，木簡削衣是爲了再次使用木簡，或者爲了更正木簡上的錯字而被削去的帶有墨文的木屑。這些削衣可以提供有關木簡從製作到廢棄，即"木簡的一生（Life-cycle）"的信息，這有助于更深入地理解木簡的用途。因此，爲了使韓國古代文字生活研究體系化，有必要關注這些削衣。

---

1 近藤浩一：《扶餘陵山里羅城築造木簡的研究》，《百濟研究》总第 39 期，2004 年。

2 國立扶餘博物館，扶餘郡，2002 年（第八次陵山里寺址現場説明會資料）。

3 近藤浩一：《扶餘陵山里羅城築造木簡的研究》，依據第 92—99 頁介紹的釋文與解讀。不過近藤浩一的觀點與現場説明會資料不同，他將木簡劃分爲短冊形。本書在木簡形態方面遵循現場説明會資料。另外，雖然近藤浩一將"大升"與居延漢簡中的"大斗""少斗"製聯繫起來進行説明，但是從文脈上來看"大升"很有可能是"六升"。"大斗""少斗"製中出現没什麼問題，但是"大升"的表達則有些不自然。現在筆者並没有木簡解讀的相關影像資料，只能先按照文字進行解讀。因此這些木簡只能局限在文書木簡的整理方式中來解釋。

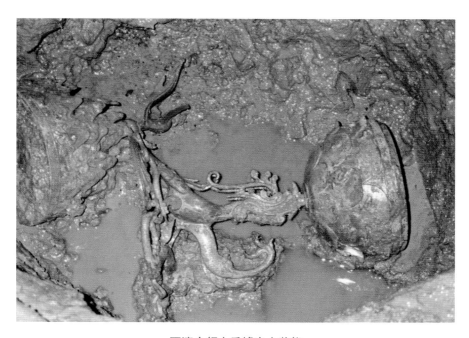

百濟金銅大香爐出土狀態

陵山里遺址木簡出土地

❖ 295. **四面墨文木簡** 扶餘陵山里遺址 三國時代
Wooden Strip with Inscription on Four-side
長 (L.) 22.6 釐米 寬 (B.) 2.5 釐米 厚 (T.) 2.5 釐米

（第一面）　　　　　　　　　　　　　　　　　（第二面）

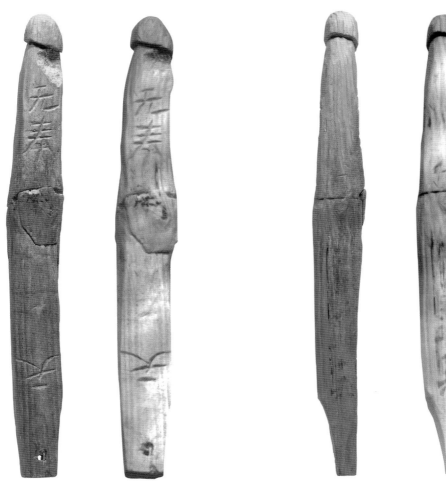

（第三面）　　　　　　　　　　　　　　（第四面）

❖ 296. **二面墨文木簡** 扶餘陵山里遺址 三國時代
Wooden Strip with Inscription on Two-side
長 (L.) 27.5 釐米 寬 (B.) 2.2 釐米 厚 (T.) 0.8 釐米

（正面）　　　　　　　　　　　　　　（背面）

❖ 297. **二面墨文木簡** 扶餘陵山里遺址 三國時代
Wooden Strip with Inscription on Two-side
長 (L.) 24.5 釐米 寬 (B.) 2.6 釐米 厚 (T.) 1.0 釐米

（正面）　　　　　　　　　　　　　　　（背面）

❖ 298. 二面墨文木簡 扶餘陵山里遺址 三國時代
Wooden Strip with Inscription on Two-side
長 (L.) 21.8 釐米　寬 (B.) 2.0 釐米　厚 (T.) 0.3 釐米

（正面）　　　　　　　　　　　　　　　　　（背面）

❖ 299. **二面墨文木簡** 扶餘陵山里遺址 三國時代
Wooden Strip with Inscription on Two-side
現長 (Present L.) 15.3 釐米　寬 (B.) 1.8 釐米　厚 (T.) 0.2 釐米

（正面）　　　　　　　　　　　　　　　　（背面）

❖ 300. **二面墨文木簡** 扶餘陵山里遺址 三國時代
Wooden Strip with Inscription on Two-side
長（L.）16.5 釐米　寬（B.）1.6 釐米　厚（T.）0.5 釐米

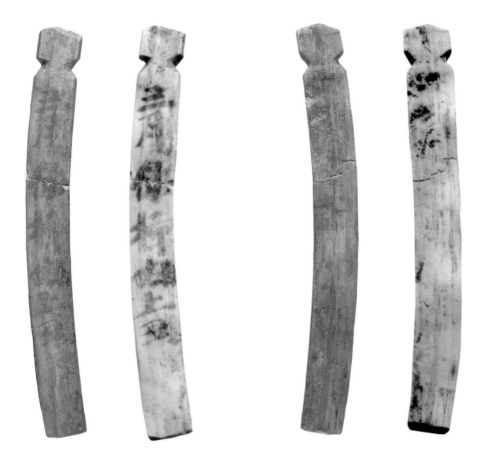

（正面）　　　　　　　　　　　　　　（背面）

❖ 301. **二面墨文木簡** 扶餘陵山里遺址 三國時代

Wooden Strip with Inscription on Two-side

長 (L.) 16.4 釐米　寬 (B.) 1.7 釐米　厚 (T.) 0.5 釐米

（正面）　　　　　　　　　　　　　　　　　（背面）

❖ **302. 一面墨文木簡** 扶餘陵山里遺址 三國時代
Wooden Strip with Inscription on One-side
現長 (Present L.) 46.0 釐米　寬 (B.) 1.5 ~ 2.0 釐米

❖ **303. 一面墨文木簡** 扶餘陵山里遺址 三國時代
Wooden Strip with Inscription on One-side
現長 (Present L.) 21.1 釐米　寬 (B.) 2.5 釐米
厚 (T.)　1.3 釐米

❖ **304. 二面墨文木簡** 扶餘陵山里遺址 三國時代
Wooden Strip with Inscription on Two-side
現長 (Present L.) 13.0 釐米　寬 (B.) 3.5 釐米
厚 (T.) 0.5 釐米

❖ **305. 二面墨文木簡** 扶餘陵山里遺址 三國時代
Wooden Strip with Inscription on Two-side
長 (L.) 12.7 釐米　寬 (B.) 3.0 釐米
厚 (T.) 1.1 釐米

（正面）

（正面）

（背面）

 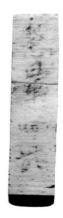

（背面）

❖ **306. 二面墨文木簡** 扶餘陵山里遺址 三國時代

Wooden Strip with Inscription on Two-side
現長 (Present L.) 12.9 釐米　寬 (B.) 3.1 釐米
厚 (T.) 3.1 釐米

❖ **307. 二面墨文木簡** 扶餘陵山里遺址 三國時代

Wooden Strip with Inscription on Two-side
現長 (Present L.) 9.2 釐米　寬 (B.) 3.7 釐米
厚 (T.) 0.4 釐米

（正面）

（正面）

（背面）

（背面）

解讀人 木簡編號	國立扶餘博物館 （參考文獻21）	朴仲煥 （參考文獻32）
298	**正面** 奈率・・・ **背面** 慧朋・・・	**正面** 奈率・・・ **背面** 慧朋・・・
299	□ □ 三 □ □ 貴 大(?) 至 至 貴 父 女 □ 女 今 □ 貴 母 □ □ 兄(?) □ □ 父	・ □ 三(?) ・ 幸(?) 貴 　 至 至 貴 父 女 　 女 今 　 貴 母 ・ □ 兄(?) ・ 文(?) 父
300	三 月 □ 柿 山 □ □ □ □	三 月 □ 柿 山 □ □ □

解讀人　木簡編號	國立扶餘博物館 (參考文獻21)		朴仲煥 (參考文獻32)	
	正面	**背面**	**正面**	**背面**
301	書亦從此法爲之凡六卩五方	人行之也瓦(?)作形之中□具	書(?)亦從此法爲之凡六部(?)五方	人行色(?)也凡(?)作形之中□具
302	大家貳		大大家貳	
303	□□六日□□□　□□四	竹山六	二十六日□□□□　服(?)庫四	竹山六
304	正面：四月七日　寶憙寺　慧　智眞	背面：送塩一石	正面：四月七日　寶憙寺　慧(?)　智眞(?)…	背面：…送(?)塩一石

解讀人 木簡編號	國立扶餘博物館 (參考文獻21)		朴仲煥 (參考文獻32)	
	正面	背面	正面	背面
305	非　宿 相　世 問　結 上　業 拜　同 白　生 事　一 　　處 　　是	慧 量(?) □ 前(?)	非　宿 相　世 問　結 上　業 拜　同 白　生 事　一 　　處 　　是	慧 量(?) □ 前(?)
307	正面　　背面 德　□ 干　□　　无 □　□　　資 　　□　　丁		正面　　背面 · · · 德　　· 干　　· □　　爲(?) ·　　資 ·　　丁 · ·	
313	子 基 寺		子 基 寺	

朴仲煥用 … 標注字數與形態不確定但分明有墨痕的情況，用 □ 標注知道字數却不能解讀的情況，用（?）標注解讀內容可能有異議的字。

扶餘宮南池

　　扶餘宮南池（歷史文化遺產第 135 號）是位于忠南扶餘郡扶餘邑東南里 117 號一帶的百濟泗沘時代的宮苑池。《三國史記・百濟本紀》記載武王三十五年（634）王宮的南部修建了一個蓮花池，因爲與周邊花枝山的別宮遺址、軍守里寺址有關，很早就受到學術界的關注。另外，《三國史記》的同一記錄還寫道：“在宮南挖了一個蓮花池，將水引了 20 多里，四個山坡種上了柳樹，在池塘中間建了一個島，模仿方丈仙山。”宮南池中有一座模仿神仙居住的方丈仙山而建的島，被稱爲神仙庭院。

　　另外，蓮花池的東側一帶是泗沘時代的離宮遺址，這裏還殘存有大理石築成的八角形御井遺跡、百濟瓦片、基石等，由此，宮南池可以被看成是作爲離宮的宮苑池而建造的。

　　從 1990 年至 2004 年，對宮南地區的調查一共進行了 9 次。在第一次調查（1990 年）中，在宮南池西側和軍守里寺址之間發現了百濟時代建造的蓮花池西側的一部分護岸，在國立扶餘博物館進行的第 2、3 次調查（1991 ～ 1993 年）中發現了東北部和東南部的部分湖岸和部分水田遺址。之後，國立扶餘文化財研究所有感于全面發掘的必要性在 1995 年到 2003 年間進行了 6 次發掘調查。

　　調查發現了泗沘時代建成的人工水路、木製蓄水槽、水井和道路遺存、水田耕地、土窯、堀立柱建築物等多種遺跡，並在這裏出土了 6~7 世紀和 3~4 世紀的遺物。

　　木簡主要出土于 6 世紀左右建造並投入使用的人工水路和木質蓄水池內部堆積的泥層中。木簡記錄了百濟時代有關行政區域名、人名、地名的信息和開墾水田的事實，爲我們提供了許多有關當時社會的資料。

在水路和蓄水槽中，不僅有木簡，還清理出草鞋、漆器、農具、工具、木材、生活用具等多種遺物，這些有望成爲研究泗沘時代生活文化的重要學術資料。

宮南池全景

宮南池人工水路

木簡出土時的狀態

❖ 315. **二面墨文木簡** 扶餘宮南池 三國時代
Wooden Strip with Inscription on Two-side
現長 (Present L.) 35 釐米 寬 (B.) 4.5 釐米 厚 (T.) 1.0 釐米 松木

（正面）   （背面）

解讀人　木簡編號	國立扶餘博物館（參考文獻21）		國立清州博物館（參考文獻22）		朴賢淑（參考文獻33）		李鎔賢（參考文獻2）		崔孟植、金容民（參考文獻56）	
	正面	背面	正面	背面	正面	背面	正面	背面	正面	背面
315	歸人中口四　小口二　邁羅城法利源　水田五形 西卩後巷巳達巳斯丁依活□□後卩	西卩中□夷	歸人中口四　小口二　邁羅城法利源水田五形 西卩後巷巳達巳丁　依活△△△丁	西卩中△卩　夷	歸人中口四　下口二　邁羅城法利源水田五形 西部後巷巳達巳斯部依活□□□	西部中部□	帰人中口四　小口二邁羅城法利源畚五形 西ア後巷巳達巳斯丁　依囹□□丁	西□丁　[ア?]　○（圓孔）ア夷	歸人中口四　下口二　依邁羅城法利源水田五形 西ア後巷巳達巳斯ア　活率前後?? ? ? ? ア	西ア中ア□夷？

朴淑賢用 □ 標記不能解讀的文字；崔孟植、金容民用 囹 標記推測的文字。

扶餘雙北里遺址

忠清南道扶餘郡扶餘邑雙北里遺址位于泗沘都城内的錦城山的東北斜坡上。據悉，在泗沘時代，這裏是連接都城中心地區和現在的公州、論山地區的重要交通路綫。

遺址北部附近的泗沘羅城和青山城連接的地方，有一個與羅城幾乎同一時期建成的被稱爲"月含池"的蓄水池，因此，從青山城到包括遺跡在内的周邊地區形成了廣闊的低濕地，目前正在作爲稻田被耕種。

1998 年，忠南大學博物館對雙北里 102 號一帶的住宅改造工地進行了發掘調查，最終發現了泗沘時代的生活遺跡和高麗時期的圍墙及一些遺存。

木簡出土在調查區域的 A 點，在該處發現了兩個不同時期的低濕地泥層，其中在表土下 3 米左右形成的先代泥層中發現了水路、水井、被疑爲建築物基壇的石列遺存。

水路的内部及周邊出土了包括木簡、漆器在内的多種木製品和刻有"月廿、舍、大"的百濟時代的銘文陶器片、印有印章的瓦片、瑪瑙裝飾品以及各種植物種子和動物骸骨。

值得一提的是，在河道周邊的有機物堆積層中，清理出了一枚完整的木簡和一枚略有破損的木簡，以及刻度間距約 1.5 釐米的木製尺子。

木簡上寫的字雖然很難解讀，但是考慮到木簡主要在官廳或都城内主要設施中出土，在一定程度上可以推測以 7 世紀中期爲中心年代的雙北里遺址出土的建築遺跡及相關設施的性質。

扶餘雙北里遺址全景

雙北里遺址木簡出土地

❖ 316. **二面墨文木簡** 扶餘雙北里遺址 三國時代
　　　 Wooden Strip with Inscription on Two-side
　　　 現長 (Present L.) 18.2 釐米　寬 (B.) 3.1 釐米　厚 (T.) 0.8 釐米

　　　　　　（正面）　　　　　　　　　　　　　　　（背面）

❖ 317. **二面墨文木簡** 扶餘雙北里遺址 三國時代
Wooden Strip with Inscription on Two-side
長（L.）12.1 釐米　寬（B.）1.7 釐米　厚（T.）0.8 釐米

（正面）　　　　　　　　　　　　　（背面）

益山彌勒寺遺址

　　益山彌勒寺遺址（歷史文化遺產第 150 號）是位于全北益山市金馬面龍華山（現彌勒山）南麓的百濟時代最大規模的寺廟，建于百濟武王二年（601）。

　　《三國遺事》武王條中的創建緣起故事是有關彌勒寺的最早記錄，《朝鮮佛教叢書》中收錄的高麗朝《惠居國師碑文》記錄了後百濟時期（922年）修復彌勒寺石塔的事情。

　　另外，朝鮮時代的《新增東國與地勝覽》稱彌勒寺石塔爲東方最大的石塔。英祖時期由康侯晉編寫的《卧游錄》中則出現了彌勒寺成爲廢墟後的內容。

　　據以上記錄，可以推測彌勒寺創建于百濟武王時期，歷經高麗朝，在朝鮮時代中期即 17 世紀前後廢棄。

　　圓光大學的馬韓、百濟文化研究所在 20 世紀 70 年代開始對彌勒寺遺址進行調查，國立文化財研究所在 1980 ～ 1994 年的 15 年間進行了正式的發掘。

　　彌勒寺遺址出土了以陶器、瓦片爲主的多種遺物，其中寫有“彌勒寺”“金馬渚官”“妙奉院”“延祐四年”“萬曆十五年”的銘文瓦片因爲揭示了彌勒寺自建立的百濟時期到廢棄的朝鮮時期一直通過翻新瓦片來進行修復的事實而備受關注。

　　寺廟南側有東、西兩個大型蓮花池，兩枚木簡出土于修建于統一新羅時期的西蓮花池內部的淤泥層中。

　　其中，四面有墨文的木簡在池塘東南角附近的地表下 260 釐米處與統一新羅時代的兩塊人骨一起出土，兩面有墨痕的木簡在四面木簡出土地北側 25 米處（地表下 230 釐米）出土。

　　兩枚木簡的斷面形態都是四邊形，上下都是破損的狀態。四面有墨文的木簡片的特征是其中三面的墨文書寫方向相同，但剩下一面的墨文方向則相反。

益山彌勒寺遺址全景

木簡出土時的狀態

❖ 318. **四面墨文木簡** 益山彌勒寺遺址 統一新羅時代
Wooden Strip with Inscription on Four-side
現長 (Present L.) 17.5 釐米 寬 (B.) 2.5 ～ 5.0 釐米 松木

（第一面）　　　　　　　　　　　　　　　　　　（第二面）

（第三面）

（第四面）

❖ 319. **二面墨文木簡** 益山彌勒寺遺址 統一新羅時代
Wooden Strip with Inscription on Two-side
現長 (Present L.) 8.0 釐米　寬 (B.) 2.9 ～ 3.2 釐米　松木

（正面）　　　　　　　　　　　　　　　（背面）

解讀人　木簡編號	國立扶餘文化財研究所 (參考文獻4)				全炅穆*			
	第一面	第二面	第三面	第四面	第一面	第二面	第三面	第四面
318	⋮ 央(光?) 凶? 山五月二日 ⋮	□ 伽? □ 新台□□□薔?	□ □ ⋮⋮⋮	□ □ 毛 昆?	⋮ 央(光?) 凶? 山五月二日人⋮	· 伽? 新台□□□矢毛己 一雨三十	艮? □ (善)	□艮今包(毛)己長
319	□ 不				□ 不			

*彌勒寺址遺物展示館提供的精神文化研究院全炅穆教授釋文。

其他遺址

• 昌寧火旺山城蓮花池

昌寧火旺山城（歷史文化遺產第 64 號）是圍繞着慶南昌寧郡昌寧邑玉泉里火旺山（海拔 757 米）山頂的三國時代的山城。

據載，火旺山城橫跨火旺山的南、北兩峰，周長 2.7 公里，面積約 5.6 萬坪，是一座巨大的山城，内部有 9 泉 3 池和郡倉。火旺山的山頂呈盆地形態，内部形成了溪谷，從西到東形成了緩慢的斜坡，由此可知這條溪谷下面有三個蓮花池。

蓮花池因爲沉積已經失去了其功能，昌寧郡用鐵栅欄將其圍起來進行保護。據調查得知，三個蓮花池中間的那個叫作龍潭（龍池），與昌寧趙氏的誕生神話有一定關聯。慶南文化財研究所對其進行了調查。調查自 2002 年開始，年度調查的一個成果是發現了由石頭建成的方形蓄水池。

蓮花池的平面形態爲方形，外延規模爲東西 34.5 米，南北 31.9 米，護岸石築 14×14 米，石築的高度約 2.4 米。内部出土了統一新羅時代的鑢斗、陶罐等，朝鮮時代的常平通寶與獸骨、木製品等。

木製品中有一件看起來像是木簡的遺物，木質人偶的形態，上面釘有鐵釘等，看起來具有咒術的特征。

有的木製品上有"龍"字墨文。

昌寧火旺山城蓮花池發掘調查現場

● 仁川桂陽山城

　　鮮文大學考古研究所對位于仁川廣域市桂陽區桂山洞一帶的桂陽山城進行了發掘調查。

　　桂陽山城所在的桂陽區是漢江的咽喉之地，歷史上從三國時代到朝鮮時代，不僅在政治、軍事上，在對外貿易上也起到了前哨基地的作用。特別是桂陽山城作爲漢城百濟時期漢江的關口，在歷史、文化、軍事上是非常重要的山城。

　　1999 年開始進行地表調查。2003 年對桂陽山城內的西城墻進行了發掘調查，弄清了桂陽山城的城墻結構。接着，爲了進一步弄清東門遺址區域內的集水井的特征和確認東城墻，自 2005 年起一直進行發掘作業。

　　值得一提的是，桂陽山城內東門地區的地形呈現出沿山脊緩慢下降的樣子，形成了阻擋溪谷的城墻，在山城廢棄後長期處于沉積狀態。

　　集水井內部的石砌形態是通過內嵌向下縮小形成階梯的多邊形式樣。集水井的圓形外延直徑爲 13 米，底部的多邊形石砌直徑約爲 6 米。從集水井上部到集水井底部岩層基底的深度約爲 5 米。

　　在集水井的內部調查中，在第 7 層出土了帶墨文的木簡、陶器片、瓦片、加工過的木材與獸骨、貝類、龜甲、水果種子等。特別是木簡，形狀爲五邊形，現殘長爲 14 釐米，各面的寬度約爲 1.5 釐米。

　　據推測，北側護岸石築上部出土的瓦片中，寫有"主夫吐"的瓦片與《三國史記》將這一帶稱爲"主夫吐郡"的事例（475~757 年）有關。

出土《論語》木簡

仁川桂陽山城東城墻修築形態

參考文獻

報告書

1. 國立慶州博物館：《國立慶州博物館敷地内發掘調查報告書——美術館敷地及連結通路敷地》，2002 年。

2. 國立扶餘文化財研究所：《宮南池》，1999 年。

3. 國立扶餘文化財研究所：《宮南池Ⅱ——現宮南池西北便一帶》，2001 年。

4. 國立扶餘文化財研究所：《彌勒寺遺跡發掘調查報告書Ⅱ》，1996 年。

5. 國立扶餘博物館、扶餘郡：《扶餘陵山里遺址第六次發掘報告書》，2000 年。

6. 國立昌原文化財研究所：《咸安城山山城》，1998 年。

7. 東國大學慶州校區博物館：《慶州皇南洞 376 號統一新羅時代遺跡》，2002 年。

8. 文化公報部 文化財管理局：《雁鴨池發掘調查報告書》，1978 年。

9. 文化財管理局 文化財研究所：《彌勒寺遺址發掘調查報告書Ⅰ》，1989 年。

10. 文化財研究所 慶州古跡發掘調查團：《月城垓子試掘調查報告書》，1985 年。

11. 文化財研究所 慶州古跡發掘調查團：《月城垓子發掘調查報告書Ⅰ》，1990 年。

12. 忠南大學博物館・大田市：《扶餘官北里百濟遺跡發掘報告Ⅰ》，1985 年。

13. 漢陽大學・京畿道：《二聖山城第三次發掘調查報告書》，1991 年。

14. 漢陽大學・河南市：《二聖山城第四次發掘調查報告書》，1992 年。

15. 漢陽大學博物館・河南市：《二聖山城第 6 次發掘調查報告書》，1999 年。

16. 漢陽大校博物館・河南市：《二聖山城第 7 次發掘調查報告書》，2000 年。

17. 漢陽大學博物館・河南市：《二聖山城第 8 次發掘調查報告書》，2000 年。

18. 河南市・漢陽大學博物館：《二聖山城第 9 次發掘調查報告書》，2002 年。

19. 河南市・漢陽大學博物館：《二聖山城第 10 次發掘調查報告書》，2003 年。

圖録

20. 國立慶州博物館：《文字中的新羅》，2002 年。

21. 國立扶餘博物館：《百濟的文字》，2003 年。

22. 國立青州博物館：《韓國古代的文字與符號遺物》，2000 年。

23. 釜山廣域市立博物館福泉分館：《刻在遺物上的古代文字》，1997 年。

研究論文

24. 高敬姬：《對新羅月池出土在銘遺物的銘文的研究》，東亞大學研究生院史學科，碩士學位論文，1993 年。

25. 金在弘：《新羅中古期村製的成立與地方社會構造》，首爾大學研究生院國史學科，博士學位論文，2001 年。

26. 金昌錫：《皇南洞 376 遺跡出土木簡的內容與用途》，《新羅文化》總第 19 輯，東國大學新羅文化研究所，2001 年。

27. 金昌鎬：《關于咸安城山山城出土木簡》，《咸安城山山城》，國立昌原文化財研究所，1998 年。

28. 金昌鎬：《二聖山城出土木簡的年代問題》，《韓國上古史學報》總第 10 號，韓國上古史學會，1992 年。

29. 朴相珍：《出土木簡材質分析——以咸安城山山城出土木簡爲例》，《韓國古代史研究》總第 19 期，西京文化社，2000 年。

30. 朴鍾益：《咸安城山山城發掘調查與木簡》，《韓國古代史研究》總第 19 期，韓國古代史學會，西京文化社，2000 年。

31. 朴鍾益：《咸安城山山城出土木簡性質的檢討》，《韓國考古學報》總第 48 期，韓國考古學會，2002 年。

32. 朴仲煥：《扶餘陵山里發掘木簡豫報》，《韓國古代史研究》總第 28 期，韓國古代史學會，西京文化社，2002 年。

33. 朴賢淑：《宮南池出土百濟木簡與王都 5 部製》，《韓國史研究》總第 92 期，韓國史研究會，1996 年。

34. 謝桂華：《中國出土魏晉代以後的漢文簡紙文書與城山山城出土木簡》，《韓國古代史研究》總第 19 期，西京文化社，2000 年。

35. 尹善泰：《咸安城山山城出土新羅木簡的用途》，《震檀學報》總第 88 號，震檀學會，1999 年。

36. 尹善泰：《新羅統一期王室的村落支配——以新羅古文書和木簡的分析爲中心》，首爾大學研究生院國史學科，博士學位論文，2000 年。

37. 尹善泰：《新羅中古期的村與徒——有關邑落的解體》，《韓國古代史研究》總第 25 期，韓國古代史學會，西京文化社，2002 年。

38. 尹善泰：《新羅的文書行政與木簡——以牒式文書爲中心》，《講座韓國古代史》第 5 卷，財團法人駕洛國史跡開發研究院，2002 年。

39. 李基東：《關于雁鴨池出土的新羅木簡》，《慶北史學》第 1 輯，慶北大學文理學院史學科，1979 年。

40. 李京燮：《城山山城木簡新考》，韓國歷史研究會古代史分科研究發表會發表文，2003 年。

41. 李道學：《二聖山城出土木簡的檢討》，《韓國上古史學報》總第 12 號，韓國上古史學會，1993 年。

42. 李相俊：《對慶州月城變遷過程的小考》，《嶺南考古學》總第 21 期，嶺南考古學會，1997 年。

43. 李成市：《有關韓國出土的木簡》，《木簡研究》總第 19 期，木簡學會，1997 年。

44. 李成市：《韓國木簡研究現狀與咸安城山山城出土的木簡》，《韓國古代史研究》總第 19 期，西京文化社，2000 年。

45. 李鎔賢：《慶州皇南洞 376 號遺址出土木簡的樣式與復原》，《新羅文化》總第 19 輯，東國大學，新羅文化研究所，2001 年。

46. 李鎔賢：《對咸安城山山城出土木簡的綜合考察》，《韓國古代木簡研究》，高麗大學研究生院，博士學位論文，2001 年。

47. 李鎔賢：《咸安城山山城出土木簡與 6 世紀新羅的地方經營》，《東垣學術論文集》第 5 輯，韓國考古美術研究所，2002 年。

48. 李鎔賢：《慶州雁鴨池（月池）出土木簡的基礎檢討——以報告書分析與編號爲中心》，《國史館論叢》總第 101 輯，國史編纂委員會，2003 年。

49. 李鎔賢、金昌錫：《慶州皇南洞 376 號遺址出土木簡的考察》，《慶州皇南洞 376 號統一新羅時代遺跡》，東國大學慶州校區博物館，2002 年。

50. 全德在：《新羅中古期結負製的推行與功能》，《韓國古代史研究》總第 21 期，西京文化社，2001 年。

51. 全德在：《韓國歷史學界的回顧與展望——古代韓國史》，《歷史學報》總第 171 輯，歷史學會，2001 年。

52. 田中俊明：《圍繞百濟後期王都泗沘的幾個問題》，《角田直先生古希記念論文集》第 1 集，1997 年。

53. 井上直樹：《韓國咸安城山山城出土木簡的檢討會》，《朝鮮史研究會會報》總第 139 輯，2000 年。

54. 朱甫暾：《二聖山城出土木簡與道使》，《慶北史學》總第 14 輯，慶北史學會，1991 年。

55. 朱甫暾：《咸安城山山城出土木簡的基礎檢討》，《韓國古代史研究》總第 19 期，韓國古代史學會，西京文化社，2000 年。

56. 崔孟植、金容民：《扶餘宮南池内部發掘調査概報——百濟木簡出土的意義與成果》，《韓國上古史學報》總第 20 號，韓國上古史學會，1995 年。

57. 平川南：《日本古代木簡研究的現狀與新視點》，《韓國古代史研究》總第 19 期，西京文化社，2000 年。

58. 橋本繁：《關于金海出土〈論語〉木簡》，《（早稻田大學朝鮮文化研究所主催研討會）韓國出土簡的世界》，2004 年。

59. 李京燮：《咸安城山山城木簡的研究現況與課題》，《新羅文化》總第 23 輯，2001 年。

60. 李京燮：《7 世紀新羅的財政運用》，《韓國古代史研究》總第 34 期，2004 年。

61. 李京燮：《城山山城出土荷札木簡的製作地與機能》，《韓國古代史研究》總第 37 期，2005 年。

62. 李文基：《通過雁鴨池出土木簡看新羅的宮廷業務》，《韓國古代史研究》總第 39 期，2005 年。

63. 孫煥一：《有關慶州地區出土木簡的釋文》，韓國古代史學會資料室，2004 年。

64. 冨谷至：《木簡竹簡述説的古代中國》，林炳德 譯，四季出版社，2005 年。

65. 朱甫暾：《金石文與新羅史》，知識產業社，2002 年。

66. 國立昌原文化財研究所：《咸安城山山城Ⅱ》，2004 年。

67. 近藤浩一：《扶餘陵山里羅城築造木簡的研究》，忠南大學研究生院，碩士學位論文，2004 年。

68. 平川南：《百濟與古代日本中的道的祭祀——以陽物木製品的檢討爲中心》，《百濟泗沘時期文化的再照明》，國立扶餘文化財研究所，2005 年。

譯　後　記

　　《韓國的古代木簡》，是韓國國立昌原文化財研究所 2006 年的修訂版。2017 年該所又出版了《韓國的古代木簡Ⅱ》，此時研究所已更名爲國立伽倻文化財研究所（2007 年 11 月 30 日更名）。鑒于此，中譯本將 2006 年版稱作《韓國的古代木簡Ⅰ》。

　　直面韓國木簡是 2017 年在韓國慶北大學訪學時，尹在碩先生帶我去慶州文化財研究所看了剛剛出土的、泡在水中的木簡，從木簡上的文字認識到韓國木簡與漢字文化圈的關係。訪學期間，與尹先生合作就城山山城出土的一枚人形木簡作了研究，發表在《鄭州大學學報》上。之後的幾年，我對韓國木簡和日本木簡作了進一步探索，于 2020 年底獲批了國家重大招標項目“中韓日出土簡牘公文書資料整理與研究”（20&ZD217）。這本中譯本就是該重大項目的階段性成果。

　　該書的翻譯工作由河北師範大學歷史文化學院于晨老師完成，翻譯過程中明顯的錯誤已做了糾正，比如對于圖版正面、背面的錄文顛倒，四面木簡的英文錯寫成兩面木簡等。其他圖版、釋文皆遵原著。另外，考慮到出版時間緊張，經主編與責編溝通商議後，原書第 247 頁《木簡出土地分布地圖》做刪除處理。書稿完成後，先後經過韓國慶北大學方國花老師審校，李瑾華、李東柱、李美蘭老師修正，我自己也做了校對。但學力有限，肯定有不少錯漏之處，請師友們批評指正。

　　中譯本能夠順利出版，得益于韓國國立伽倻文化財研究所與慶北大學人文學術院的積極協助。同時感謝韓國慶北大學尹在碩先生、慶北大學人文學術院 HK+ 事業團的尹龍九先生，兩位先生是韓國學界讓人尊敬的著名史學家，正是先生們的努力以及對于學術的無私情懷，才促使《韓國的古代木簡》（2006 年版）這本書獲得在中國出版的免費許可權。

　　"夫學術者，天下之公器"，希望通過這本書的翻譯推介，能讓中國簡牘研究者對韓國木簡有個直觀的認識，進一步展開東亞簡牘的比較研究。這也是我們對東亞簡牘學研究所盡的綿薄之力吧。

賈麗英

2023 年 4 月 13 日